儿子和老爸

父与子

幸福的童年

思考摆酷

游历东南亚

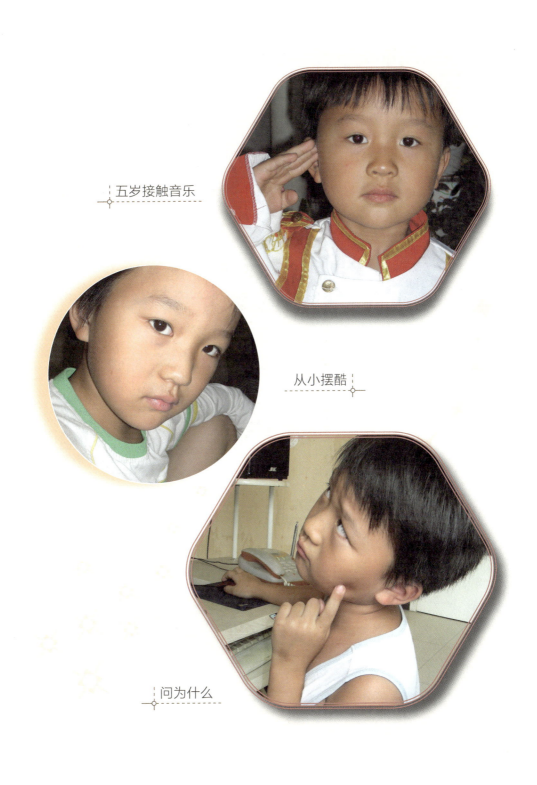

五岁接触音乐

从小摆酷

问为什么

张阔和钢琴
启蒙老师赵军

接受大师的指导

接受乐团
老师的指导

和吴娜老师

大赛前夕的意气风发

第一次受邀当嘉宾

第二届百万钢琴想弹你就来
大型公益钢琴比赛少年 A 组特等奖

第五届 KAWAI 亚洲钢琴大赛
河南赛区特别金奖

第 9 届新加坡中新国际音乐比赛
中国赛区选拔赛特等奖

第 10 届新加坡中新国际音乐比赛
中国赛区选拔赛特等奖

接受颁奖

为大型音乐会伴奏

中国科学院大学
University of Chinese Academy of Sciences

编号：BK2021410017

本科生录取通知书

张阈　　　同学：

祝贺你被我校录取到　　物理学　　　专业学习。请于　2021年　8月　28日持

本通知书到　玉泉路校区　报到。具体要求见《新生入学须知》。亲爱的同学，欢迎你成为

国科大的一员。这里，是你人生的新起点；你，必将成为国科大永恒的骄傲！

注：根据国家有关政策规定，你可以自愿选择是否将本人户口由原籍迁至录取单位所在地的集体户口。

本校是教育部批准的具有高等学
历教育招生资格的普通高等学校

录取专用章

中国科学院大学录取通知书

学爸学霸：一位作家的

家庭教育 手记

潦 寒◎著

北方联合出版传媒(集团)股份有限公司

万卷出版有限责任公司

Ⓒ 潦寒 2023

图书在版编目（CIP）数据

学爸学霸：一位作家的家庭教育手记/潦寒著.—
沈阳：万卷出版有限责任公司，2023.1
ISBN 978-7-5470-6114-5

Ⅰ.①学… Ⅱ.①潦… Ⅲ.①家庭教育 Ⅳ.①G78

中国版本图书馆CIP数据核字（2022）第196066号

出 品 人：王维良
出版发行：北方联合出版传媒（集团）股份有限公司
　　　　　万卷出版有限责任公司
　　　　　（地址：沈阳市和平区十一纬路29号　邮编：110003）
印 刷 者：辽宁新华印务有限公司
经 销 者：全国新华书店
幅面尺寸：170mm×230mm
字　　数：200千字
印　　张：14
出版时间：2023年1月第1版
印刷时间：2023年1月第1次印刷
责任编辑：胡　利
责任校对：张　莹
封面设计：仙　境
封面插图：范卓诚
内文制作：韩　军
ISBN 978-7-5470-6114-5
定　　价：68.00元
联系电话：024-23284090
传　　真：024-23284448

题记

青春期孩子波澜壮阔的心路历
程与云谲波诡的情绪变化，考
验着每一位家长。

目录

序一　多年父子成兄弟

　　有多少父子，就有多少种父子关系。虽然我刚刚十八岁，从一个小区长大的小伙伴到上十二年学的众多同学，认识的父子成百上千了，以一个理科生的思维来分析父子关系，有威严型的、平淡型的、温和型的、冷漠型的、敌视型的、时好时坏型的、存在缺位型的……林林总总，不一而足。像我与父亲这种亲切热络的，着实不多。

　　"父子不仅是一种伦理关系，有幸成为父子是多么不容易的事呀！兄弟是一种情感表述，代表我们共同成长，合作愉快。"父亲的幽默表达不仅是作家的才气，更是生活中的实践概括：这么多年来从学钢琴到上学读书，父亲从来没有吵过我，更别说像同学们经常形容的成绩一出来"男打，女打，男女混打"。

　　父亲对我的影响，无处不在、无时不在。"多考几分少考几分，无所谓。""考好考坏，一样过年。"父亲的轻描淡写经常让我觉得学习没有那么高深。"只问耕耘，莫问收获。"什么事用心做了，结果如何由它去吧。

生活上，父亲的勤奋与自律让我心存敬畏。从记事起，父亲就每天早上五点半起床，洗澡，泡茶，读书，十多年如一日。上小学时，作为琴童我还能赖到七点。升入中学后学科多了，学习任务也重了。父亲那么早起来读书，作为学生的我焉能躺在床上酣然大睡，就爬起来读书，语文、英语、物理、历史……能背诵的背诵，能通读的通读。随着日积月累带来的成长与早起读书习惯的养成，我发现学习就是那么回事，该下的功夫下了，成绩自然上来了。

父亲非常爱读书，所以家里的藏书和我的身高一样飞长。但是父亲不是一个死读书的人。他当过财经记者，做过企业的副总裁，出版过好几部书，自然交往的人也多。很多时候，我看到父亲侃侃而谈时别人那羡慕的眼光，我就感慨：读书是如此受人尊重！我经常翻看父亲读的书——《大秦帝国》《数学大师》《文明的滴定》《牛津西方哲学史》……一次，和同学们聊起人生时，我说起父亲写在扉页上的故事："大流士国王和敌人对阵时，突然抱着马头哭着说：我们打什么仗呀，五十年后这些人都死了。哭罢，擦干眼泪又发起攻击的命令！"同学们听后大吃一惊，像看外星人一样看着我。从那一刻起，我对读书有一种升腾的感觉。

学习上，父亲经常说的一句话是"知其然，知其所以然"。父亲是文科生，却喜欢科学史，经常给我讲知识的起源、科学的发展与科学家的趣事，也算给我这个理科生启蒙了。父亲强调原理、追根溯源与系统性，讲究知识的出处、相互的联系和运用的限定，这种把握核心与注重推导的思维方式对我产生了不可估量的影响。他读书时常常拿着笔，将重要知识写在扉页，知识点在哪一页就将哪一页折起来，标识出来。我喜欢物理，喜欢物理规律的简洁性，就是源于看父亲在读过的《上帝掷骰子吗？量子物理史话》的红笔标注，然后深入讨论爱因斯坦的逸闻趣事与霍金的《时间简史》。

除了读书，父亲还喜欢看电影，我们一家三口也常常看电影，看完还常常交流观影心得。《盗梦空间》看了好几遍过后，他将《人类梦史》《梦的解析》《梦是如何思维的》找出来放在我的书桌上。有兴趣的，我翻了翻；没有兴趣的，就一直堆在那儿。过一段时间，父亲再放回他的书架。印象最深的是《飓风营救2》这部电影，父亲给我讲三点定位法的原理，大谈西方编剧的文理兼通与逻辑严密。让我觉得学习不仅是背书、刷题。只要爱思考，处处都可以学习。生活即学习。

说句真心话，表面上看父亲不在意我的成绩。其实，每次成绩不理想时，我都能从父亲的表情中读出来一些内容，只是他举重若轻地转化为考试后同我进行交流，反思学习过程与知识领悟。我将这段时间学习的收获与困难讲给他听，他帮我分析问题，告诉我哪些是重点，哪些则无须下太大功夫，哪些东西需要慢慢理解，这些在学校很难听到的方法指导，令我受益良多。

父亲对我影响最大的，还是他的价值观。我的同学中忤逆父辈的不少，忤逆的原因无外乎不认可父辈的人品与学识。父亲常常说，每个人要懂得家庭伦理和亲人间的责任。父亲这话不是说着装样子的，我从小耳濡目染也学到了很多。父亲兄弟多，他是老小。但是几个大伯家里有什么事，父亲都是竭尽所能地给予帮助。我读高中后，随着父亲工作的变化，家里经济条件不像以前那样好了，三伯来郑州看病，看到父亲背着母亲给三伯塞钱，我悄悄地问父亲给了多少，他会心地笑了笑说："别给你妈说！"那时，我突然感觉到父亲对亲人的宽厚和责任感。父亲正直善良，但这些优点并不代表父亲没有缺点。他喜欢臧否人物。他的博学用对了地方是好事，用错了地方反而带来麻烦。父亲经常直接开怼，引经据典批有些人不读书、假读书或者装文化人。

进入高中，我已具有一定的质疑能力，可以攻击父亲的一些观点了，我俩就开怼了。高中住校，每周单休回来的那天晚上我总要与父亲畅聊。从学校发生的事到课堂刚讲的知识再到一周内的国内外大事，从牛顿、伽利略到杨振宁再到施一公……真可谓无话不谈。这时候我便能听出父亲的有些观点过于主观或存在错误，往往直接开喷，丝毫不顾忌父子情谊。父亲也接受质疑与批评，只要我的观点确有道理。父亲也会指导我的学习思路，不过我已经学会辨别了，哪些是有启发的，哪些是脱离实际的。我认为有一定道理的会去深究，经常与任课老师讨论。

母亲经常说父亲偏执，较起真来经常旁征博引来证明自己是对的。开始，我也认为这是他的性格。等我读了他的《父亲这一辈子》《母亲七十岁》等文章突然明白了，父亲能读几千本书，将《百年孤独》读了八遍，《哈扎尔辞典》读了四遍，出版好几部长篇小说，仍不停积攒素材，要写大部头的书，当一名大作家，这是偏执、是经历在他身上留下的痕迹和时代对人的塑造：人在拼搏的过程中信念弱化了，就特别容易向自己妥协。怪不得他的座右铭是"立大志，下笨功夫和举重若轻"。

人常说：人可以选择很多，就是不能选择父母。这话虽然有些悲观与宿命论，但什么样的父子关系都是一场缘分。演绎一下托尔斯泰的话：和谐的父子关系都是一样的，不和谐的父子关系各有各的不同。求同存异，你发现什么样的父子关系都挡不住一颗奋进的心。如果你有这样一颗心，父子一场就是修行一场。

张　阔

序二　把理想传给儿子

一

每一个人对时代不同的认知，就是他的局限性。

八十年代在农村长大的我们，被大人摸着脑袋鼓励一下：好好学习，将来考上清华、北大。事实上，别说我们不信，说者也不信。那时，北京在我们梦里就是大宽马路边上的高楼大厦和农村集市般的繁华，清华、北大更是模糊得只是学生们有凳子坐着听课、条件好的学校罢了。有着"识几个字不是睁眼瞎"的小农意识的人们根本就不重视教育，外加上未普及九年义务教育的升级必考，初中一轮就刷下来三分之一的孩子，所以，会不会 dog 与 English 是检验七十年代农村娃的一把利器。有人说："潦寒，你现在是大作家了，英语听起来还这么别扭。""对不起，我的英语老师就是这个水平。他初中就没有毕业，学的时候就是汉字标音。"其实，不仅是英语老师，毕业班的语文老师也是初中毕业，讲起话来口沫四溅，改作文时永远是一个字——"阅"。原因很简单，他也不会写作文呀！幸运的是启蒙我走上文学创作道路的赵学山老师上过高中。在许昌师专上过函授大专几个月，他带回的《1981年全国优秀短篇小说评选作品集》《1983年散文选》我看过上百遍，珍藏至今，许多段落倒背如流。后来，有一两个师范毕业生到我们学校，睥睨万物地说："要刻苦学习，否则你就吃不上商品粮。"我们在这群老师的鼓励下成绩再好也拒绝上高中，死磕要和老师平起平坐地吃上商品粮。

我的命运和发小之所以不一样，是因为初中时我在杂志上发表了一首诗。带着强烈的文学梦，我将自己的目标定在了西北大学或者武汉大学的作家班。在同村的孩子都去西北方向漯河上学时，我去了反方向的湖岗。尤其是冬天，踽踽独行使我的诗歌忧郁苍凉。父亲怕我出意外，转学至青年高中。"十年寒窗无人问，一篇文章天下知"，当时我对数理化一概不感兴趣，幻想一篇文章成名，保送上大学，所以无论是什么课，我都是在方格纸上写文章，然后去邮局投稿，远的《人民文学》《天涯》《十月》，近的《漯河内陆特区报》。望眼欲穿，守尽千帆……北京师范大学作家班发给我一个通知书，去了之后才知道学制一年，不包分配……这时，我才理解杜甫为什么写"何时倚虚幌，双照泪痕干"，回来，又从头上……几经周折本科毕业，走了弯路。

二

"少年需努力，文章可立身。"受害于文学创作，最后也受益于文学创作。经过几番拼搏，2002 年中国经济如火如荼时，我进入了风光无量的销售与市场杂志社任采编。第一个采访对象就是奶业巨头伊利。社里不放心新人，就让西安交大研究生毕业的同事陪同去采访。那时的火车慢，我们一路闲聊到中东战争。"潦寒，你怎么啥都不知道！"父亲是河南大学教授的同事给我展示了他的见识。是呀！除了文学名著、诗词歌赋，我对犹太教的历史，天主教的起源以及伊斯兰教的什叶派、逊尼派怎么分的等为什么都不了解呢！采访回来，我买的第一本社科书籍就是布鲁斯·雪莱的《基督教会史》，一个星期将十字军东征弄明白后，研究犹太教、伊斯兰教，后来扩展到佛教、婆罗门教、耆那教……平台决定视野，大刊物让我接触到一流的企业家。到柒牌服装采访时，少掌门专程请我到厦门吃晚宴。螃蟹端上来我不知道如何下嘴！ 2004 年一顿饭花五千元，回到宾馆我饿得吃方便面。那晚，我一夜无眠，诗兴大发地写了《黑剑》：无论多么锋利，终将被时代这个懦夫，握住，致命的把柄……也是从那时起，我开始读《有闲阶级论》《脸的历史》《伦敦大英博物馆》等书，直到研究茶道，学会品酒，满世界地跑着找美食……

　　《销售与市场》作为一个知名经济刊物，清华、南开毕业的大有人在。我要"异军突起"，必须学会"弯道超车"。我将自己日常工作聚焦到一个点上，重点研究报刊、图书、电影的营销。两年后，结集出版了《文化营销》。但是，我清楚这是职务带来的，我必须有自己的核心竞争力。怎么办？坚守自己的作家梦。在同事们痴迷 QQ 聊天交友与玩游戏时，我每周日雷打不动地去办公室以"高高的栗木门楼"为圆心，围绕"栗门张"写故乡的系列文章。2007 年，我三十岁整时在春风文艺出版社出版了人生的第一部随笔——《故乡在纸上》。

从那时起，我才可以理直气壮地说自己是作家了。

三

儿子张阔是 2002 年出生的，在老家由母亲养了两年。郑州的房子装修好后，看着儿子说话结巴的神情，我坚决自己带，尽管惹得父亲生了一场病。那时，我就抱着一个信念——教育儿子是我最大的事业。孩子两岁多一点，上幼儿园还不知屎尿，我硬送去了。我上下班骑一辆二八车，让儿子坐在前面的车篓里送了他四年。二十年前，西方文化大批涌进来，国人的很多理念来自互联网，什么学前教育、正面教育……我系统学习过心理学：第一，不提前教儿子识字，不背诵古诗词。第二，人格教育是第一位，从小不居高临下地跟儿子说话，以理服人。第三，幼儿园上四年，大班多上一年。许多家长都觉得自己的孩子聪明，给学校送礼也让孩子早上一年小学。其不知，在少年时期孩子差一岁心理水平就差一截。同时，孩子的体格与力量也决定他的思维方式，并且会影响性格的形成。更重要的是决定孩子一生的不是聪明，而是韧性。

人生是感性的，理性水平却决定着人认知世界的能力。许多家长为了培养孩子，爱起来没有个边界，恼起来什么恶毒的话都随口说。我和妻子约法三章：不能说孩子笨，不和别的孩子比，不将自己的意愿强加给孩子。

为了培养孩子的独立精神，张阔五岁生日当天，我给买了一个高低床。从那一天起，儿子和大人分床睡。他睡上铺，我睡下铺，一直陪他十年。《礼记·中庸》讲："天命之谓性，率性之谓道，修道之谓教。"古代人就意识到孩子你教他什么，他的认识就是什么。学校离家近，不过大马路。孩子上小学第一天，我领着他去黄河路二小报到后从此不接不送。在整个小区，人们见了经常说："潦寒的儿子养得真省心。孩子脖子上挂个钥匙独来独往！"

四

人的思维分形象思维、动作思维、抽象思维。小学识字阶段的象形、指事、会意与形声已经系统地训练了孩子的形象思维与抽象思维。动作思维训练是家庭的主要责任，比如正确地拿筷子、字写得清晰工整。如果有条件让孩子学弹琴，音符的抽象性、眼看谱子与左右手协调、脚踏以及情绪的表达都会提升孩子思维能力。因此，张阔从一年级开始弹钢琴。那时，我的目标很清楚，辅助思维训练，至于学习成绩，不落后就行了。

可怜天下父母心，家长的愿望都是想让孩子成才，至于孩子能走多远很多时候要看造化，强求不得。怡景院小区和张阔一茬儿学弹钢琴的孩子有一二十个，三年坚持下来的寥寥无几。老师朋友认为张阔是弹钢琴这块料时，我的压力陡增。业余和专业有着天壤之别。经过一番讨论决定让孩子走专业这条路后，我就跟他商量："张阔，想当钢琴家不？""想！""想，一天就得弹四个小时。""现在，你不要答复我，三天后决定！"

小学四年级，十一岁，有一定的行为能力了。三天后，张阔眼里噙着泪答复我，想当钢琴家。从那天起，每天就是四个小时。但是，钢琴是钱铺出来的。为了不重蹈我从小见识不足的局限性，我托关系让张阔拜在中央音乐学院王墨卿老师门下，他妈每周六陪着他到北京学钢琴。两个人来往路费、住宿费和钢琴学费已经不是我在杂志社的收入能撑得下来的了。人生就是一连串的取舍决定的。为此，我毅然决绝地为了挣钱离开《销售与市场》，到浙江的一家企业任职业经理人去了。

名师出高徒。张阔跟着王墨卿学了两年之后，在河南的各种大赛崭露头角。尽管各种因素下，张阔后来放弃了中央音乐学院附中考试，但是我一直让他坚持弹下去。几年后，瑞典的钢琴大师海伦来河南大学讲学，我又花钱让张阔跟着她学了一个小时。原因很简单，见识决定一个人的认知水平。大师之所以是大师，除了技术的炉火纯青，更重要的是思维的独辟蹊径。

五

儿子张阔初中一年级时仍以琴童自娱，性格散漫自由，学业完成为准，不上任何辅导班，上课爱接老师的话茬儿，最严重的一次是语文老师批评他，作文太差。我感觉语文老师教偏了，就让妻子将我的文章拿给老师看。老师看后和我见面说：你的文章写那么好，为什么不教张阔写作文？"人都是干哪一行烦哪一行，你是不想让孩子当作家呀！"老师感慨。"不是，是因为我清晰地意识到数学与逻辑学不好，文章能写好的不多。很多人写一辈子文章就是卖弄情感与故事，等于没有入门。"

研究基督教的缘故，我在读《剑桥大学史》时，将重点转移到科学史上了，尤其是对椭圆的发展与牛顿的《自然哲学的数学原理》的研读，让我深刻地意识到什么是知识，什么是学识。目的只有一个，让孩子爱上科学，引导他爱上物理学。果真到了初中二年级，物理、数学这些抽象思维学科让张阔的优势一下子凸显出来了。

和儿子上下铺，晚上入睡前，我经常给他讲光是什么东西，光速是怎么测出来的。让他看《上帝掷骰子吗？量子物理史话》这本书，从第谷的鼻子是怎么被削掉的到伽利略为了巴结美第奇家族将发现的新星起名权赠予。有一次，他问我唐代的一行和尚是怎么测出来地球的子午线长度的。讲了一个多小时，他也不清楚。第二天早上，我五点半起床读书，他见我起来后也不睡了，让我接着给他讲，画图、找书、搜百度，直到天光大亮全弄明白为止……没过多久，为了防止他青春期叛逆，我从浙江台州回到郑州，全身心地陪伴他的高中生涯。

张阔学习成绩一直是全年级前三名，中招考试异常突出，考了657分，数学119分。很多人劝我们上外国语，最喜欢他的数学老师让他上一中，但是，我考虑到外国语的题海战与一中的风格，让他以第一名的成绩上了七中高中部。"第一名进去第一名出来"就完成目标了。大事，我喜欢以玩笑的方式跟孩子沟通……

六

高中生怎么才能爱学习？就得有一个清晰的目标。"儿子，你慢热和散淡的性格，适合当一个物理学家。将来在科研机构不温不火而又优雅地从事科研。"我一边跟孩子灌输这种思想，一边表现得比他还勤奋。二十年，我家积攒了五千册书，文学、历史学、社会学、经济学、科学与科学史、宗教学、数学与数学史、逻辑学……这五千册，我看了四千册，大多数都有批注。

假期，我也不让他报补习班，就是在家陪着他看书、聊天。大年初一，我早上五点半起来看书，他不好意思睡懒觉，七点前就起来了。高三春节，学习压力大了，他能和我一起早起了。家里有暖气，他看书犯困，要求我带着他到我办的书院看书。那个早晨，六点，估计全郑州只有我们父子迎着凛冽的寒气到书院读书去了！

郑州七中没有清华、北大的保送名额，有一个新加坡国立大学的指标。学校推荐张阔去，他回来和我商量。我说："孩子，这个名额让别人去吧！虽然新加坡国立大学在世界排名靠前，但是专业都是金融、法律、贸易、陶瓷……咱们的目的很明确：物理学。""要说也是！"儿子想了想真的没有去。几十年下来，我已经清醒地认识到大事不是靠聪明得来的，而是靠聪明人下笨功夫干出来的。我已经因为成长环境与见识原因走过很多弯路，决不能让孩子重蹈覆辙。

七

大考失利是知识掌握问题，更是心理素质问题。事实上，心理素质是对人最高的要求，古人才总结谁谁谁从小有大将风度，谁谁谁关键时掉链子。张阔的高考成绩出来了，691分，数学149分，语文134分是高中历次考试最高分。细析原因，今年高考题作文是有关理想的。尽管我没有教过他写作文，但是"理想"教育是从他懂事就开始灌输，超常发挥也属正常。美中不足的是理综考了266分。

7月20日，那天晚上，儿子和我躺在一张床上倾诉他的心声："理综卷子发下来，除了最后一道物理压轴题，我不到一个小时做完了。按照以前的考试经验应该先检查一遍，压轴题保第一问。但是，我觉得将来要学物理学，高考的压轴难题都做不出来还学什么物理。拧劲儿上来后，我把剩余的时间都用在这道题上。从成绩看，我肯定是第一问的答案算错了，导致整个大题二十分全丢了。整个卷子没有检查，也丢了几分。""人太在意什么就容易失去什么。但是人生都是由各种遗憾组成的。好在'失之东隅，收之桑榆'，语文补了上来。"儿子这个成绩算是达到了我们的满意，说什么其他就是矫情与多余了。

七中学校给我们做工作报考北大。但是，691分在河南125万考生中排名227位，报考北大物理学录不上，同意调剂就得学医学。焉能因为一个北大的虚名放弃学习物理的理想，我决不同意。"老爸，我觉得自己不一定能成为物理学家。很多物理学上有成就的人十八九岁就初露峥嵘了。我高考还卡在这上面。"儿子有些气馁地说。"社会在加速度地发展。近一个世纪物理学的知识是过去五千年的总和。在物理学领域，要想少年成名，可能性不大了。"我知道信心比什么都重要，尽管很多人劝他报考人民大学的数学金融专业、复旦的数学专业或者更能挣钱的其他专业，在我的影响下他改了两次还是报考了中国科学院大学的物理专业。"这所学校的最大好处是培养科学家的。"毕竟心智还不是很成熟，儿子经常会表现得不够坚定。

"孩子，人生的结果谁能料得到，只要我们有理想这盏明灯，活到什么时候都不会迷失。比如我十二三岁时，在村子后的漯上路，看到《人民日报》的采访车，我发狠这一辈子一定要当记者，十年后实现了；当上记者后觉得受平台的约束太严重，我要当作家，不到十年我的理想实现了；当上作家后又觉得面对面地教学生影响更直接，符合古代儒家的传道解惑，我要去大学当老师。你的理想，只要坚持，焉能不实现。"说完这话，我觉得眼角有泪……

事实上，父与子的传承不仅是给孩子留下多少财产，更应该是精神力量……虽是过客，活出意义。生不百年，死不孤独。孩子血管中流淌着我的血，也应该有我这种不服输的劲头与无所畏惧的精神。

第一章　谁的青春不经历几次心理危机

接到一个陌生的固定电话，我挂了。电话刚放进兜里，又响了。一看，仍是那个电话号码！"这些做推销的！"我又挂了。电话又执拗地响了。怕是什么急事，我接了。

"爸爸！"儿子在电话那头喊。

"怎么是你？儿子！"我很意外。

"我用学校的公用电话打的。"儿子压着嗓子说。

"怎么了，这个时间打电话？"下午三点正是上课的时间。

"爸爸，我的精神崩溃了……"清清楚楚地听到儿子是拖着哭腔。我的头轰一声，耳根深处像刚炸了一座山。习惯性地咬了一下嘴唇，我镇静下来安慰儿子："儿子，怎么了？"

"午休后，我突然想哭。我忍不住，到卫生间哭了半个小时。谁知道越哭越伤心，到教室里仍止不住泪，我就出来哭。"

"遇到什么事了，孩子？"以我对张阔的了解，理性思维相对成熟的他如果不是遇到非常规的打击，是不会控制不住自己情绪的。

"没有遇到什么事，就是伤心，想哭！"张阔说着说着，又呜咽起来。

"孩子，别哭了。你在学校等着，我马上过去！"

我一边稳住孩子的情绪，一边给妻子打电话，让她从单位出来一起去学校。妻子一脸惊慌地来了，刚要说什么，张阔班主任的电话进来了。班主任是一位很不错的年轻教师，一直对张阔格外照顾。

"张阔爸爸，最近张阔压力过大，情绪有些波动。您到学校来一趟吧！"

"嗯，我正往学校赶呢！"

"儿子怎么会精神崩溃呢？"车上，妻子焦躁地问我。

"不是精神崩溃，是情绪失控！"我纠正妻子。

"正好好上学呢，情绪失控也不应该呀！"

"情绪讲道理吗？"我清楚这时候给妻子说得越多，她越担心。出租车司机也很知趣，车上没有伺机找些话题解闷。

"师傅，你在这儿等着我，五分钟内回来。"

司机旋了一下车，安安静静地等着。七中的门岗以为我是学校的老师，破天荒地没有登记。我匆忙进去，儿子抱着几本书刚从一年级的博学院门口出来，眼睛哭得像桃子一样，见了我不好意思地笑了一下。

"儿子，没有事吧？"妻子焦急地问。

"没事，只是心里难受。"张阔说着，眼圈又红了起来。

"正常，老虎还有打盹儿的时候呢。"我故作轻松地说着，向妻子使了一个眼色。

　　班主任事先开了假条，我们和儿子顺利出了校门，坐上等候的出租车。妻子忍不住了："儿子，怎么突然控制不住自己的情绪了呢？"

　　"开始，老师给我说的是一次演讲。现在我都讲三次了，还没有结束。"张阔的成绩不错，老师希望张阔在"百天冲刺"时给学弟学妹们讲讲自己的学习方法、复习心得与个人成长经历。张阔去讲了，尽管内心里不情愿。张阔七岁开始学弹钢琴，获得过两次钢琴大赛特等奖，有一定的舞台经验，自然发挥得不错。他自己没有想到的是，还有两所学校邀他去演讲。"委屈呀！我是来上学的，不是来演讲的。天天搞这些事，耽误学习呀！"张阔说着眼圈又红了。

　　"你不想去讲，可以不去嘛！"妻子直截了当地说。

　　"我正在这个学校上学哩，能这样说吗！"张阔不是做事鲁莽草率的人，无礼的话他根本说不出口。

　　"钢琴大赛氛围那么紧张，你都淋漓尽致地临场发挥了，给学弟学妹们传授一些学习经验不至于有这么大的压力呀。"我喜欢用疏导的方式和孩子交流。

　　"这种不愿意做又不得不做的事，让人憋屈！"情绪还没有缓解过来，从张阔的语气中就能听出来。

　　"唉！人生不如意十之八九，所以古人说，常思一二。况且，给学弟学妹们传授学习经验又不是什么不好的事。"尽管儿子个头比我还高呢，我还是喜欢像他小时候一样拍拍他，给他安慰。儿子的情绪已经平静多了，脸上的表情也一点点转暖。

郑州堵车是常态。出租车从三全路到农业路，我觉得走了很久。

"老爹，你儿子干了一件很丢人的事！"张阔虽然是高中生了，忍耐性方面毕竟是个孩子。

"什么事，你说吧！"我心里清楚，他绝对不仅是因为演讲的事就会感觉这么委屈的。

"很丢人呀！"张阔仍在铺垫。

"天天在学校上学呢，能干出什么丢人的事？"艺术的最高境界是对度的把握，谈话也是。为了引导孩子，我经常装傻。

"我对一个女孩一见钟情！"张阔憋不住，说出来后不好意思地看了我一眼，又看了妻子一眼，向车窗外瞅去。

"儿子，你不知道上高中……"妻子正要给儿子上政治思想课时，我用眼神制止住了她。

"儿子，你知道什么叫一见钟情吗？"人的思维很有局限性，情绪又受思维的牵制。这个时候，既不能给孩子讲大道理产生情绪对立，也不能顺着孩子的思路自怨自艾，而是要交错岔道地将谈话继续下去。

"这个女孩长得一般。"张阔又试探性地说了一句，见我俩没有反对，大胆说了下去，"去初中部演讲，不能我一个人吧！老师让我再挑两个人。我们学校参加模拟联合国的赖振宇，我选上了。剩下的一个名额要选一个女生，她成绩和整体素质都不错，所以也入选了。我们三个人就一起去初中部演讲了。"

"嗯！演讲就演讲呗，和一见钟情有什么关系？"妻子是一个急性子。

"我喜欢看这个女生听我讲话时的神情。想到活动结束了，我俩不一个班，高中生活这么紧张，想再见面就非常难了。想着想着，就忍不住了……"儿子悲切之情溢于言表。

"儿子，这一切都是幻象。刚才你也说了，她长相一般。更重要的是，演讲是你不情愿做的事，你感觉压抑。这时，正巧她出现了，她喜欢听你说话。你是因为喜欢她听你讲话时的神情，所以，感觉对她一见钟情。"我调动所有的思绪，尽力分析得丝丝入扣。张阔若有所思地听着。

"所谓的缘分都是时间与空间的关系。其实，这时候出现了张三、李四、王二麻子……只要能安静地倾听你说话，你都会感觉到一见钟情……"

"真的吗？"张阔有些狐疑地看着我。

"当然呀！爸爸什么时候骗过你！"时机合适，果断能让信念变成信仰！更帮忙的是，出租车到我们小区门口了。看着儿子下车时利索的身影，我知道他的心理危机云开雾散了……

回到家里，儿子打了一个盹儿，晚饭妻子提议出去吃顿好的，重点是出去走一走。附近有一家42公里慢熬粥店，是营销大师叶茂中策划的，我出版长篇小说《封口：中国营销界的罪与罚》时，他给我写的推荐语是"一塌糊涂，十分精彩"。爱屋及乌，我们经常去这家店里喝粥。

"晚上，吃点清淡的吧！"妻子征询了孩子的意见后，决定到42公里慢熬粥店喝粥。妻子点了三个小菜，要了粥。我看着粥店里"42公里，用跑马拉松的精神熬粥"的广告语，正要和儿子交流一下，张阔突然又抽抽搭搭地哭了起来。妻子紧张得手足无措、语无伦次起来。我用眼看了她一下，制止住她的劝慰后，一张一张地给儿子递纸。张阔一把鼻涕一把泪地将一包纸快擦完时，才悲怆地说："现在，我知道下午为什么那么难受了。我们这一代小孩太孤独了！"

"嗯！"我清楚独生子女的孤独，作为高中生不应该感触这么深。

"我们寝室的老七，每天无数遍地叫我：阔哥，咱们中午吃啥？阔哥，你是怎么学的？你接他的腔吧，他后面的话没有头了；你不理他吧，明显地看到他眼神中的失落！"

"是呀！每一代都有每一代人的伤痛。我们这一代人为了跳出农村，拼命地读书。走进城市了，有些生活习惯还保留着农村的痕迹！"我是想从时代特征上劝解儿子，正视孤独。

"我们学校的小玲（化名），给我们班一半的男生写过信。虽然，我们是音乐特长班，很活跃。其实，小玲目光是空洞的呀，落寞得空洞！"儿子准确的字词背后，是一种切肤的感受。"我们寝室的老大，不爱学习，却不得不在班里每天圈十几个小时，那种煎熬……"倾诉有时非常容易推高情绪。说着说着，儿子仰脸长叹一下，泪水簌簌而下……

妻子也在一旁抹泪。我沉思了一会儿，等着张阔的情绪一点点平缓下来了，才缓缓地对他说："孩子，对不起。这种孤独是我遗传给你的。"张阔诧异地看着我。

"我像你这么大时，和你一样的感受，孤独、压抑，甚至是躁郁。可是，你奶奶不识字，不能和我沟通；你爷爷脾气暴躁，不会和我沟通。怎么办？

在你这个年纪，我们的任何心理问题都需要我们自己消化。所以，少年时期的同学有的叛逆得莫名其妙，有的老早就辍学打工去了。有的在家待两年学门技术，算是有一个谋生之道。还有的，因为心理问题过分严重成了问题少年。我上学时，有一个同班同学叫军华，就是心理问题得不到解决，疯了，没几年病死了。我在《故乡在纸上》这本书中真实地记录了下来。我还好，通过写诗，将这种青春期的情绪用文字倾诉出来了……"我是一个眼窝很浅的人，说着说着感觉自己的眼眶发烫。

"问你妈妈，我们生活在一起将近二十年了，我也四十余岁了，孤独还一直缠绕着我。但是，像你这种情绪失控的情况，次数不多。第一次是十五年前在泰国。晚上，住在外边的我一个人去看海。晚上的大海不是蓝的，是黑的，黑幽幽一片。头顶上星光灿烂，背后万家灯火，眼前却是漆黑一片……我怀疑这就是人生，忍不住号啕大哭……"说完，我没有停顿，也没有看他，接着阐述自己的心路历程。

"第二次是坐国际航班。国内航线的飞机飞行高度一般都是七八千米。国际航班是一万三千多米。我坐在飞机上，能看到云霭包裹着地球。尤其是飞机转弯时，你会怀疑飞机有可能像风筝断线一样被甩出地球。人那时那个渺小，那个无助！触景生情，悲怆感让我的眼泪擦不净，惹得空姐站在我身边递纸……"对于这段经历，我从不讳言，同时，我也知道这是我从事文学创作的原因所在。

"问你妈妈，现在，我为什么生活那么有规律：十一点前一定要睡，五点半起来读书。因为过十一点，我睡不着觉就到凌晨了。子夜，我能感觉到自己的汗毛在飘，皮肤渗水，孤独浸入肺腑……这种感受，我不写作会憋死……"我是发自内心的，这几十年来，孤独给我带来很多灵感，却也给我带来无穷无尽的折磨。

儿子第一次听我如此悲怆地谈孤独，像受到惊吓一样，转瞬间又变得诧异，之后是一种同病相怜，等到他的目光变得温暖时，服务员将粥端上来了……

晚饭后，儿子提议像往常一样到公园里走一走。"行呀！像以前一样，东门进，西门出。"我们三个人融入乍暖还寒的城市，像城市里所有的人一样，有问有答地走在这生活洪流中……郑州人民公园有一个人们自发组织起来的、上百人的"暴走队"。每到晚上七点多一点儿，领队的人腰上挂一个小喇叭，后面跟着长长的队伍。大家挺起胸、迈开腿在公园里转大圈。在儿子端详公园里"暴走队"的空隙，妻子小声对我说："老公，幸好你在。否则，儿子哭，我只能陪着他哭……"

第二章　一个人成熟与否取决于是不是理解父辈

　　每一个孩子降生到这个世界上来，父母都没有事先征得孩子的同意。因为没有责权的契约，父母不得不对孩子承担无限责任，才有了"孩子是父母上一世的仇人，投胎是为了复仇"的民间俗语与"老子疼儿不悔心"的谚语。

　　我父亲 1938 年出生，中专毕业，在漯河仪表厂工作，后因政治运动遣返农村老家务农。但是，父亲读过私塾，第一个启蒙老师是清末的秀才曹培洞。这种教育背景让父亲身上"规矩"的烙印特别深：第一，父亲的毛笔字受过严师的指导，写得非常好。第二，父亲的学习习惯特别好，不像同村的农民一样喜欢拉呱儿闲聊、打牌格方。他大部分时间在琢磨事，可以通过一本裁剪书，自学成了裁缝。五十年前，农民穿的衣服都是请裁缝做的，我父亲靠一把剪刀养活了几口子。后来，做土楼能挣钱——一张土楼能卖二十五元钱。父亲又无师自通地学会了做土楼，成了木匠……无论是生人熟人面前，父亲从来没有咬牙、放屁、抠鼻子这些不雅的动作，也没有讲家长里短的习惯。家教家教，指一个人受到的家庭教育与抚养方式。从小受过严格家教的父亲规矩严，去他舅舅家串亲戚也只吃一碗饭，不回碗。过去食物紧张，人们做饭是论人添粮，基本上是一人一碗。一个人多吃了，其他人就没吃的了。据母亲说，她嫁给我父亲后，知道父亲串亲戚从来不吃饱，所以父亲串亲戚时她要做一碗饭在家等着他。传承就是一代人一代的抚养方式。父亲自然对我们要求也严，经常说的一句话是：人活着就是一个精气神，站要有一个站相，坐要有一个坐相。因此，吃饭时翻菜、嚼东西时嘴响、坐着时抖腿，这些在家里绝对是不允许的。

20 世纪 50 年代的中国，谁要是上到高小毕业（仿苏联教育体制小学六年制，分初级小学与高级小学）就可以到学校教书了。种了十多年地，父亲熬到邓公上台，国家出台政策给知识分子平反。父亲经过多年的奔波，恢复工作时已经四十多岁，头发也谢顶了，人也没有雄心了，到林业机械厂当了一名工人。因为，根据当时的国家政策，工人的孩子可以接班。为了保证一个孩子吃上商品粮，父亲宁愿当工人……开始，一个月四十二块钱的工资，我们兄弟五个都在上学，根本不足一家七口人的吃穿用度。

我二哥小时候患过大脑炎，在二哥出生的 1971 年是很严重的病。母亲讲，当时一个病房住院的七个小孩，仅剩下两个还算正常，一个成了傻子，另外四个没有活下来。二哥学习不行，十五岁随父亲以合同工的身份进厂上班了。二哥虽然个子高，可十五岁毕竟还是一个大孩子。等工作的新鲜感过去，不是旷工，就是惹事。一次在厂里闯祸，我父亲用绳子捆住他还没有打两下，自己先哭着说："儿子，你听话吧！你听话了我喊你爹都行！"尽管父子俩一直不融洽，2007 年父亲临终前一天，拉住我的手说："孩子，我五个孩子就你一个实确（方言：比较诚实）。我不在了，你照顾你二哥。什么事让着他，他的脑子不灵光，别跟他一般见识……"我顿然明白了"死也放心不下"是怎么回事，感知到"父爱如山"的含义。

我们的生活习俗多来自父辈与个人成长经历……我在农村生活了十四五年，最深的感受是苦闷。夏天热得没有地方钻，冬天冷得伸不出来手。家家户户三四个孩子，几乎都是缺吃少穿的。无所事事的小孩子们聚在一起，从欢声笑语到指爹骂娘也就是一转眼的事。娱乐生活更不用提了，谁家有一个小画书，传到我手上几乎都是少头无尾了。谁谁家菜地里种的菜丢了，谁谁家的鸡被偷了……大街上的柳树上下咒的"草人"没有消失过，骂街、打架更是家常便饭。整个青少年时代，对我的思维方式产生最大影响的是一场杂技。过去人闲，不收种庄稼时人都爱凑热闹，耍猴的、说书的、玩杂技的都出来跑江湖了。我们村里那次玩杂技的地方是南街的一个小十字路口，一块篮球场大小的空地。玩杂技的前一天晚上就拜访了村干部，支了帐篷，敲锣打鼓招摇过市在各条街上溜好几趟了，上午又在村委会的大喇叭上通知了两三遍。午饭刚过，人们赶集似的拥了过去。夏天，天热。大家三五成群地围在树荫下，闲聊着、议论着或者期待着……四点多，夏日的暑热稍稍减弱，街上的吵闹声有点节奏后，我知道杂技快开始了，放下小说往那儿赶，远远地见人们已经围成圈了。场子里的鼓声、锣声踩着点了，小孩子们钻在最里层，其后是年轻小伙子，年长的人围个大圈。我个子小，又不想钻一身汗臭的人群，一筹莫展时，见村支书张书冠从家里拎个长凳子出来了。我看着他笑了笑。"看不见吧！"书冠和我父亲关系要好，热情地朝我笑笑说。"嗯！"那时，我还很害涩，不好意思说想站在他拉的板凳上。"给，站在这上面看吧！"书冠说完，将板凳放在离人群围的圈子五六尺的地方。我忸怩了一下，站了上去……

杂技已经开始了，几个小孩子身着练功服，已经绕着人群踢腿了。"练武不练腿，到老是个冒失鬼。"敲锣的跟在汗流浃背的小孩子后面说着。村支书张书冠光着膀子，披着四个兜的中山装，边往里看，边一只手在白生生的身上搓灰，泥条子顺着他的手掌滚了下来。四个兜的衣服在当时的农村比较少，如果左上衣兜里再别一支钢笔，就是典型的干部了。书冠在部队当兵后，转业到乡政府工作多年，后回村里任村支部书记。那天，我特意看了光着膀子、披着四个兜的褂子的村支书上衣兜里有没有钢笔，没有！杂技几乎也是老一套，一个小女孩穿着紧身衣，四肢折在一起，嘴里衔着铁球倒立起来后，引起一阵阵猛烈的掌声。马是最后出场的，配着火红色的马鞍子。杂技团来到村子里，有两个女孩骑在马上围着村子转好几圈了。当时农村的牛、骡子等干农活的牲畜比较多。虽然，很多农村人也分不清楚什么是马，什么是骡子，但马与骡子的体型很相近，所以我们对马并不感到新奇。新奇的是，马出场前，杂技班里的人拉出来六根铁丝围成的大圈。在每个铁丝圈缠上五六个蘸着柴油的棉球。六个铁丝圈依次排开，两个小伙子用蜡烛一个一个点着，铁丝圈顿时烈火熊熊。这时，骑马的女孩趴在马背上，一抖缰绳，马钻进了熊熊燃烧的火圈里。和动物朝夕相处的农民，知道马怕火的道理。见马能这么主动地钻火圈，人群中发出一阵子惊呼。马从火圈里蹿出来之后，围着前半场跑了大半圈，骑在马背上的女孩又俯下身子，一抱马脖子，马又穿进了火圈里。我对马不怕火也感到惊奇，身边的村支书张书冠边用手搓灰，边仰脸看了看钻火圈的马，突然感慨："这马，得挨多少打才不怕火……""呀！"他的这句话压倒了整个人群的惊呼，我目瞪口呆地看着这个光着膀子、披着四个兜的褂子的村干部，第一次感觉到什么叫不同凡响……

特别的思维方式容易让人形成特立独行的成长之路。我初中是在我们村的栗门联中（几个村联合办的中学）念的，教学质量比较差，许多老师初中毕业，虽然多数老师在教学的过程中不同程度地参加了各种形式的进修深造，底子差仍是致命的缺陷，尤其是在人文素养方面。吊诡的是，我喜欢文学。那时，农村的文化滋养首先是戏剧，农村唱大戏的机会多。其次是小说，二十世纪九十年代香港武打片很有名，农村没有电视，我就看书，《三侠五义》《杨家将》《岳飞传》……《三言二拍》是我读过遍数最多的书，以至于后来我的语言风格深受其益。看得多了，就有写的冲动——父亲在漯河市林业机械厂上班，我假期常去。从小学四年级开始，我就给父亲同事的孩子写信，初中学写诗，后来，我的诗被老师在班上朗读时，我幻想自己将来能成为像汪国真一样的诗人。每一个人的成长都有代价，无论是听话的顺从性性格、叛逆的敌对性性格，或者自我封闭的隐藏性性格。我写诗的激情一旦和青春的叛逆合流之后，会形成一种眼高手低的狂妄。因此，上中学时我一直看不上我们的语文老师，从上蔡县的湖岗高中到郾城县的青年高中，我都是在考试的不服与才华的自负中辗转受挫……

父亲的开明之处就在于，认同我的爱好。考试成绩不好了，不责怪。认为环境不利于我写作时，换学校。以至于我上初高中折腾了四五所学校，一直到作品发表了，父亲才这样安慰我："干什么就要干出个成绩。"那时，全国的"文学热"虽然已退烧了，好几所大学的作家班仍在招生。北京师范大学给我发一个作家班的通知书，我热情澎湃地要去。"写作可以用一辈子时间去写，高考却只有一两次机会。"父亲很冷静地劝我。爱幻想的年纪很难听进去别人的劝。"成名了，比上什么大学都有用。"我的执拗再一次战胜父亲的理性，等我到北京师范大学了解了作家班的性质——不发文凭，只发结业证后，又灰溜溜地回到学校，父亲一句责怪我的话也没有说……

中国文化的最大特征是好与坏、福与祸的互相转化，时间是最宝贵的回旋余地。毕业之后，虽然不是学新闻的，我进入漯河内陆特区报社，从实习记者做起。当时，觉得记者是一个很有光环的职业，不仅要文质彬彬，更重要的是头光鞋亮。拿到父亲给我的钱后，第一次我花二百块钱买了一双真牛皮鞋，那个美滋滋，那个心疼，从专卖店出来把鞋穿在脚上了，没走几步又脱了下来，将旧鞋穿上，新鞋装在鞋盒里。走到漯河五一路，我见有钉鞋掌的，十块钱钉了八个鞋掌才舍得穿上。那时，我们从老家去漯河，还不习惯坐公交车，我回来骑着自行车到村口时，就从车上下来了，一路脚抬老高，只怕别人看不见我的新皮鞋。二十年前，农村都是土路，走没有多远满是尘灰，况且又是傍晚，别人都是寒暄地给我说，什么时候去报社上班，到时去找你别装着不认识呀！没有人留心我穿的新皮鞋是真牛皮的还是皮革的……

我有几个发小，约着晚上去村东头的小饭馆喝酒。去时，我怕新皮鞋踩上屎了，脱下来放在门台上，穿旧鞋去了。那晚高兴，我喝到十点多才回来，醉着躺下就睡着了。早上醒来，八点多了。那天是星期天，周一就到报社上班去了，我开始收拾自己的书、写的小说、平时换洗的衣服等，自然也忘不了刚买的皮鞋。"我的鞋呢？"门台上没找着，我在床下找仍没有见，我问母亲。

"你问你爹，我见他昨晚拿了。"母亲在厨房回应。"在茶几下！"父亲在院里瓮声瓮气地说。我听着有些不对劲，在下屋的茶几下找到刚买的新皮鞋，一看鞋底下的八个铁鞋掌都没有了，只留下十六个钉子眼。

"谁把我刚钉的鞋掌拔了？"我有些惊奇地喊。

"我！"父亲的声音很闷。

"我钉鞋掌，怕鞋底子磨偏了，拔了干吗？"我有些懊恼地说。

"报社楼道都是水泥地，才去报社走路要响声干吗！"父亲那愠怒的声音一下子把我给镇住了……

从那时起，我才知道父爱里包含着巨大的隐忍力量。

第三章　学习是一项长期的心理活动，不能被情绪左右

　　青春期的孩子最大的特点是情绪的不稳定。如同一堆干柴，一点火星就能点燃。张阔的第二次情绪失控出在一个瞬间的决策上。

　　郑州七中作为省重点中学，有资格参与教育部举办的青少年高校科学营。张阔以期中考试全年级第二的成绩入围，被学校推荐参与 2018 年 7 月 22 号西安交通大学的青少年科学营。7 月份是暑假期间，张阔毫不犹豫地报名去了。9 月份还有一场青少年高校科学营，这一次规格更高，去日本参观几所名校。七中高中部有 11 名学生的推荐资格。学校为了激励学生们的学习积极性，按分数由高到低推荐。但是，9 月份高中二年级已经开学了。怕有些学生不去，学校让期末考试成绩全年级前二十名到教务处，逐个征求意见：第一，不得和家长商量。第二，五分钟做出去或不去的决定。第三，决定之后绝不能反悔。张阔期末的考试成绩是全年级第一名，第一个被叫到教务处：

　　"张阔，日本科学营去不去？优点是国家出经费到日本看一看，参观一下日

本的高校是什么样，长一长见识。缺点是，正是开学上课的时候，一去十天，有点耽误学习。""我想一想。日本我还没有去过呢，有吸引力。但是十天呀！高二学习太重要了……"在脑袋里盘旋两圈后，张阔态度坚决地说："不去了，我得在学校好好学习。"明确表态后，张阔扭身出了七中的教务处。

　　高一八班是七中的重点班，年级前二十名占好几个。张阔回到教室一会儿，同学们一个一个回来了。结果是，从第二名到第十二名都报名去日本参观。"呀！我咋这么傻！国家出钱去日本参观高校……我还没有去过日本……我是全年级第一名怕耽误学习，排名在我后面的学生却一个一个不怕耽误学习……"张阔后悔了，后悔得肠子都青了。对人的情绪伤害最大的不是恨，而是悔。恨有对象，可以通过咒骂、语言攻击甚至对物体的摔打将情绪发泄出来。悔更严重，因为你不知道该怨谁，情绪无处发泄……"作为全年级第一名，我就是和后面的这十几名学生竞争的。他们都不怕耽误学习，我怕个啥？"任何问题都经不起抽丝剥茧地追问，尤其是对自己的自我追问与剖析，一旦形成自责，立即对自信心形成巨大的伤害。"我是一个决策糊涂的人吗？我是一个性格懦弱的人吗？"张阔想到小时候和小伙伴们打架，想到他自己练了两年跆拳道，想到自己参加钢琴大赛时的心理状态，想得越多，对自己越不满意。"这个不去的错误决策是我内心的什么造成的？理性思维，内心恐惧或者缺少大格局的思维？""这种思维会给我未来的人生选择造成什么样的被动局面？"张阔想得越多越不安，不安到焦躁时，自己到学校操场里跑了几圈，大汗淋漓地回到寝室后渴望用疲惫让自己很快入睡，他没有想到越想越睡不着觉，越想越晚，越晚又越不安……

晚上是一学年结束联欢晚会。从小学钢琴的张阔本来应该在联欢晚会上好好表现一下，因为后悔自己决定不去日本这个事，一个人早早悄悄地离开，去操场用大汗淋漓的奔跑惩罚自己……

我见到张阔是第二天下午的期末家长会，他一脸懊恼地给我说："老爸，你儿子做了一件非常愚蠢的事。""嗯？你这么聪明的孩子会做出什么愚蠢的事，我咋不相信哩！""真的。学校再一次推荐参加青少年高校科学营，这次是去日本。我作为年级第一因为怕耽误学习，放弃了。但是，后面的第二名到第十二名一个不落地都去了。我是不是傻呀！我怀疑我这种性格做不了大事。"张阔的这种自责是来自内心深处，而且是懊悔交加。我第一次见儿子这么懊悔，心里咯噔一下，想了两秒钟后缓缓地给儿子说："张阔，如果我是你，我也会决定不去日本。理由有三：一、日本很近。我们去日本还没有中国西北的新疆、甘肃等地远，同时日本和中国的相似度很大，也没有西藏的风情。二、日本的高校也没有什么可参观的，不像是去英国的牛津和剑桥、美国的麻省理工和哈佛……让人能大开眼界，值得自豪。三、高二新学期开始的前一个月，学习特别的重要。因为文理分科后的第一次考试，对你的自信心塑造特别重要。我们上学时，老师们都说高二的第一次考试相当于小高考。它决定你后两年的学习心态。""问题是，排在我后面的这十一名学生都齐刷刷地去了，我却怕耽误学习不去了。其实，应该怕的是他们。我是第一名了，怕个啥呀！"张阔露出少见的悲戚表情，瞬间眼角泪盈盈的！"孩子，别跟你们学校的这些学生比。你正儿八经应该把视野瞅向外国语、郑州一中那些拔尖的学生。重点大学招生是以省为单位分配名额。他们才是你的竞争对手，你应该将精力放在和他们比学习成绩、学习方法与学习效率！"我很少这样用竞争思维来激励张阔。因为，我清楚要想真的做到学习快乐，必须有内在的驱动力，而非外部强加的压力。中国应试教育的最大缺点就是，能培养一批又一批的非常努力但不爱学习的人，而非一批真爱学习有创造思维的人才。"他们都去了，我作为第一名不去，他们会不会笑话我蠢呀！"张阔有些惭愧地说。"儿子，将来你考上北大、清华了，不去日本的笑话会变成七中的神话。好几届的老师都会说，人家张阔为了考北大、清华，公费去日本参观的机会都放弃了。"

为了不给张阔留一点心理阴影，我给他保证说："孩子，高考结束后无论成绩如何，一家三口立即买票去英国，在剑桥看一看牛顿头上的那棵苹果树，看一看大英博物馆，将这一次的遗憾十倍地弥补回来。""好！"张阔如释重负地朝我点点头。看着张阔又如往常一样轻松自然地回寝室后，我才进教室参加家长会。其实，对于张阔第一次独立决策不去日本的事，我心里是有点遗憾的。包括最喜欢他的班主任张磊也惋惜地在班会上不点名说："有些学生学习成绩非常好，但是视野不够开阔。去日本是游玩吗？是去参观日本一流的学府是什么样子！"我听后暗自笑笑，更清楚事已至此，无法挽回了，抱怨有用吗？只能徒增张阔的心理负担。

任何人的成长过程，都是由这样或者那样的遗憾组成的。如何将这些遗憾转化为之后人生成长道路上的精神动力，就是王阳明受世人追捧的原因——王阳明在龙场悟道后总结出"心学"：将人生遇到的不利的因素转化为有利的精神动力。

　　班会结束后，我立即给妻子打电话，叮嘱她不要提张阔决定不去日本游学的事。如果张阔自己说了，就劝他日本没有什么可参观的。任何事物都有两面性，如果不能辩证地思考，就是钻牛角尖。有多少人的心结都是钻牛角尖钻出来的。为了培养张阔良好的学习习惯，我一直用开阔视野的办法使他不钻牛角尖。张阔进入高中后，仍按照自己的方法学习：听课时认真听，不明白时问老师。每一次老师讲题，他不是点头称是，而是要在脑子里思考老师有没有讲错。他将自己的作业分重点：第一是数学、物理，第二是英语、化学，排到最后的是语文、地理，做不完就不做了。上初中时，我经常给张阔说："儿子，悠着点学。初中的知识简单，不费劲就应该成绩非常好。高中学习椭圆、函数、导数、加速度、牛顿力学的矢量等你会越发感觉困难。这些知识已经从二维上升到三维，需要的是理解力与知识的整合能力。"张阔初中是音乐特长班的巴松手，同班的徐幕远经常全年级第一，张阔是全年级第二。因此，他们班的学生给张阔取了一个外号——"千年老二"。张阔一样优哉游哉，每天坚持弹钢琴，每周坚持追日本的动漫剧，每学期坚持读几本长篇小说。一次，他的语文老师左崇宁指着张阔的作文说："张阔，你第一年作文是这个水平，第二年作文仍是这个水平，第三年了还要这个水平吗？"张阔回去后给他妈妈笑着说这个事，我立即让儿子将我写的《无知岁月，我们的那些快乐》送给他语文老师。左老师看完惊讶地说："张阔，你爸爸的文章写得这么棒，为什么你的作文写不好？"听了张阔的转述，我觉得有必要和老师解释一下："左老师，我真的没有教过我儿子写文章，也不想教他写文章。"

　　不教张阔写作文，不代表不教他人文知识。我家藏有五千册书。我给他推荐得比较多的是科学家的传记——《爱因斯坦传》《牛顿传》，小说类的有《白鹿原》《人面桃花》。他喜欢看玄幻悬疑类的，《斗罗大陆》《盗墓笔记》也看过好几遍。他看，我也不阻止他。对于那些没有营养的东西，看得多了他自然也看烦了。无聊时能将《大秦帝国》看两遍，后来延伸到看网剧《秦时明月》。学校推荐的《童年》《三毛流浪记》，这一代的孩子没有挨过饿、受过穷，对于苦难题材的文学作品根本没有感觉，自然也引不起他们的兴趣。《呼兰河传》将前两章描述与隐喻跳过去，小孩子看不懂，直接从萧红的经历开始看，用故事吸引他，并给他讲述童真在文学作品中的重要性。看后，参考《城南旧事》，比较两位作家的人生经历对作品风格的影响。许多不读书的家长将难读的书硬塞给孩子后，反而会将孩子脆弱的读书兴趣扼杀掉。关于读书，我唯一要求张阔必须读曹天元的《上帝掷骰子吗？量子物理史话》。我清楚这本书初中生看了，对高中物理就有一个框架感，学起来就非常容易。果不其然，认真读过两遍的张阔，高中物理学起来举重若轻，考试几乎次次满分。

　　世上最难的是了解自己。但一个人只要了解了自己，就能找到适合自己的学习方法与成功之路。根据这个思路，我对张阔的教育是非常宽松的，陪着他看《盗梦空间》，第一遍，他看不懂；隔一年后再看一遍，懵懵懂懂；第三遍，给他讲五重梦之间的关系；第四遍，给他讲这部电影了不起的地方——想象力与底层逻辑。记得最清楚的是看《飓风营救》，有一个场面是男主人公让女儿在宾馆扔炸弹，他听到声音后算出自己的位置。

"他是怎么算出来的？"张阔习惯性地问。

"三点测算法！"我说。

"怎么测算？"张阔喜欢较真儿。

"什么是智慧？"我反问。

"智慧！"这些司空见惯的问题真不好答。"智慧就是对原理的极致运用，比如古代人利用简单的几何知识算出来地球的直径。卡文迪许知道引力公式之后，挖空心思几经周折算出了地球的重量！"

张阔知道以自己现有的知识结构完全弄明白不可能，能了解一部分就不错了。后来，张阔上高中后，元旦空闲，我又找到这两部电影，让他给我讲《盗梦空间》的逻辑关系与《飓风营救》中对物理原理的运用，这些都大大地提高了他的学习兴趣。之所以把解析几何与三角函数放在高中阶段学习，是因为这两门课程需要人的逻辑思维能力。逻辑思维是很抽象的。因此，高中生要想学习成绩特别好，仅有学习态度是不行的，还需要学习方法以及学习方法背后的思维方式与学习习惯。

很多家长自豪，家里不买电视，不装网络，这样就能杜绝孩子的一些不良习惯，安心学习了。我认为这是因噎废食。电视与互联网是人类费了几千年才发明出来的非常好的工具，在某些方面用到学习上比传统的书不知道效果好多少倍。例如法布尔的《昆虫记》，仅看书是想象不出来的。一部纪录片既省时又全面。

作为家长，你想让孩子成为一个什么样的人，你得先成为一个什么样的人。没有父辈的以身作则，何来的言传身教？我多年看书养成的习惯是不拿笔不看书。每本书看后将觉得有益的内容用红笔画上线，折页后标上提示语，更重要的内容写在书的扉页，便于下次翻书时记忆。手边随时有个小本子，将灵感记录下来，便于创作时用。因此，张阔养成的第一个习惯是用一个袖珍小本子，将重要的英语单词、句子记下来，便于在去学校的公交车上翻着看。事实上，人与人之间的差别不仅是智商的差别，还有对时间运用的差别。精力，运用到什么地方结果是不一样的。

第四章　教育的本质是进化，父辈要规避自己犯过的错

在成长的面前，孩子没有真正属于他自己的问题。

为什么这么说？因为每一个人降生到这个世界上都是第一次，没有个人经验可循。对于出生在什么样的家庭，也没有任何选择的余地。对于成长过程中能享受到什么样的条件，也不是自己能主导的。这，就是世人常说的"命运"。

二十年多前，我在东方艺术杂志社当编辑，在岗杜北街租一套背阴的一室一厅的房子，终年见不到太阳。妻子怀孕了，我想考研究生，犹豫这时候要孩子合适不合适。妻子因身体原因坚持要生下来。"生下来抱回老家养，上学了再去郑州。"母亲要替我们带孩子。为了改善居住条件，我在儿童医院对面的家属院租了一套两室一厅的房子，星期天总算可以惬意地在家晒晒太阳。房子是宽敞了一点，但是家属院是20世纪60年代建的，多是一些租房户。引车卖浆做小生意的比较多，院子里拥挤地堆

满各式各样的杂物，楼道里连个灯都没有。尤其是到了夏天，光着膀子吃夜市的能喊到凌晨两三点……"决不能让孩子在这样的环境里长大！"当我做出买房的决定时，妻子一脸懵懂！那时，我因写作的优势刚被调到销售与市场杂志社任财经记者，一月的工资够买一平方米房子。问题是，我们一点积蓄都没有。"首付拿不出来呀！"妻子忧心地说。"放心吧！我绝对不会让孩子在这个脏乱差的家属院里长大，否则，会给孩子造成童年的阴影！"

那时，《销售与市场》在中国风头正劲。一本杂志每年两千多万元的广告收入，我找单位的领导说："李总编，我要买房子！""好呀！"领导应承。"我没有钱！想借单位的钱交首付！"我从不转弯抹角。"借单位的钱？""嗯！"我非常肯定地说。"借单位的钱！不行呀！谁谁说借钱买房，谁谁也说借钱结婚哩！"领导一脸难色地说。"我的孩子出生了。我不能让他在脏乱差的家属院里长大！"我态度坚决！"嗯！"领导迟疑了一下，"你写借条吧！"领导说完，借口去厕所又说："要借就借宽裕一点，别因为钱影响工作！"那一刻，我非常的感动。

每个人身上都有明显的时代印痕，表达得越多，显露得越多。作为一个靠写作为生的人，我比一般人更能体味成长的阵痛与经历的重要性。后来，我在长篇小说《封口：中国营销界的罪与罚》中，真实地记录下了对自己在郑州好好干二十年买一个二手房誓言的嘲弄，记录下了我妻子第一次见到这么多钱的兴奋与忐忑不安，记录了我们买下房子后梦幻般的怀疑……房子是现房，交了首付开始装修。我们每个月工资发下来，就跑建材市场买材料，装修房子。钱不宽裕，买回来什么材料装什么，前前后后半年才装修完工。儿子顾不上看，妻子的奶水又不足，母亲终于找到"理直气壮"的理由，张阔出生 28 天就被母亲抱回老家养了。

第一次做父母，没有经验。我觉得孩子两岁之前不记事，谁养都行，也就将孩子放心地搁在农村养了。省城回来的小孩子大家都稀罕，母亲抱回去后，街坊邻居这个抱那个抱。我们都在农村长大的，也没有听说哪个孩子晒伤了。张阔眼大鼻子高，惹人喜爱，我二叔抱着张阔半个村子跑，在室外逗留的时间过长，结果晒伤了。一次，母亲来郑州，妻子见到儿子哭了起来："抱回去时白白净净的，现在怎么晒成这样，几个月不见养成一个非洲小孩子？""小孩子容易晒黑，过一个冬天就又变白了。"尽管妻子不同意让张阔回老家了，但拗不过母亲，只得和儿子再次依依不舍。其实，过了冬天张阔没有变白。春天，母亲过马路给张阔买奶粉时，被一个司机酒后驾车撞伤了腿。母亲住院后，张阔辗转几百里又被送到岳母家养了几个月……

母亲刚出院，腿还不怎么灵便时让我把孩子送回去。"儿子两岁了，我自己带吧！"我温言细语地给母亲说。"你们兄弟五个我都养大了，不让张阔回来，今后都别回来了！"一方面是隔代亲的血缘亲情，一方面是父母怕小孩耽误我写作。"我找了一个保姆！""你亲娘连一个外人都不如了！"母亲说完，把电话摔了。隔了一天，母亲忍不住又打电话说："小保姆没有生过孩子，怎么会带孩子呢？""孩子两岁了，该上幼儿园了。"我以教育为头等大事，劝母亲。"两岁的孩子屎尿都不知道哩！上什么幼儿园……"

母亲对我摆事实、讲道理……

《销售与市场》在全国很有影响力，注定能吸引许多一流的人才。清华大学、南开大学、西安交通大学的毕业生比比皆是。以前，我从来没有感觉到工作压力，不就是写篇文章吗？从新闻报道到文艺评论，我觉得小菜一碟。进入销售与市场杂志社后，我知道自己在农村长大造成的知识上的缺陷：中东五次战争的前因后果、世界六大宗教的大致发展脉络、世界货币战争的详情、日本广场协议的始末、《文明的冲突》对世界的影响……这些知识不一定能写到采访稿里。但是，你了解与否决定着你写的财经文章的宽度与厚度。尤其是在我采访过董明珠、李国庆、牛根生这些一流的企业家之后，要想在一流的企业家面前不卑不亢，你必须有过人之处。否则，这些一流企业家的经历、社会地位、拥有的财富和丰富的管理经验以及阅人无数的犀利，很容易让一个年轻的记者感到自己的苍白无力。为了写出一流的文章，我下定决心要恶补一下文、史、经、哲与数学史方面的知识，要求自己写一千字，读十万字的资料……

我的童年自己做不了主，坚决不能让儿子输在童年上。打定主意让儿子从小受到良好的教育，我和母亲软磨硬泡。"你再不把小孩送回来，你爹非得大病一场不行！你爹亲阔阔，晚上发癔症就喊阔阔……"母亲使出了撒手锏。"我父亲比我心劲儿还大，更知道早期教育的重要。"无论父母如何威逼利诱，我坚决不妥协。对于孩子不仅是养的问题，还要教育。母亲不识字，对孩子的教育都是来自习俗，和飞速发展的时代脱节太厉害了！中国近三十年的社会变化，几乎是过去三千年社会变化的总和。我们的父辈是在农业社会长大的，我们是在工业社会长大的、在信息时代受教育，但是我们的孩子出生在智能时代。让在农业时代长大、连智能手机都不会用的老人带孩子，是对孩子不负责任的一种表现。我使出浑身解数，终于抵挡住母亲的各种套路。张阔在农村断断续续待了一年多，就到郑州生活了。其实，他们哪里知道，父亲退休后在家养猪，儿子到郑州第一晚上不停地喊着"猪猪猪"地哭着回家时，我就后悔不应该让他在老家待这么长时间。直至母亲和父亲到郑州住上一段时间，目睹了阔阔在新环境里的成长后，不再提带回老家的事了。尽管如此，母亲离开郑州时仍是泪眼婆娑地抱着阔阔亲了又亲……

母亲的担心不是一点道理都没有。张阔是剖腹产出生，这样的孩子因为出生时大脑没有受到产道的挤压，平衡感比较差，学走路与同龄人相比较也慢。我印象最深的一件事是他磕破眼角那一次：

等我赶到办公室里，已是九点半了。刚坐下打开电脑，在电脑那灰色的显示屏上我看到一个孩子，一个脸上流着血的孩子。是不是儿子阔阔？他是不是被磕着？磕在我家茶几的大理石台面上，而且磕到眼了？儿子的眼磕瞎了怎么办？看着电脑上逐渐显示的文字，我惊悚了，怎么会有这种霉运？我不敢想下去了，一种强大的悲怆感突然把我袭击到了精神崩溃的边缘。尽量不要想了，人的命运和未来不是现在担心就能解决的。教育好儿子，那是我的责任。我谨慎地呵护着这种想法，小心翼翼地与这种敏感、孤独伴随着谶言般的预示周旋，在平静几分钟后，又投入了一天的工作中去。

噩运来得太快，让人始料不及。快下班时，我习惯性地拿起电话像平常接待作者一样，电话里传来妻子那歇斯底里的哭诉，儿子磕着了，我感觉我身上的汗毛竖了起来。"是不是磕到眼了？""是。""是不是磕在咱们家茶几的大理石台面上了？眼睛碍事不碍？""还不知道呢！"妻子听到我那失声的质问，竟然奇迹般平静了下来。我狠狠地瞪了一眼我那可厌的电脑显示器，疯一般地从十四楼冲下去，面的也顾不上拦，骑着自行车向儿童医院冲去。

渐渐地，大脑由波涛汹涌转向风平浪静，平静得像所遇到的敏感、孤独和谶言般的预示一般。特别是我第一眼瞅到儿童医院的主楼，没有想象中的那么狰狞时，我的心一下子放了下来。我心里明白，一切都已过去，这只不过是一个灾，而不是难。我放慢了脚步，到手术室后，大夫说，没事，只是磕着眼角了，我们会尽最大的努力，把手术做得完美一些，根据肌肉的纹理不让他留疤，或者让疤小得看不见。我突然笑了，是那种喜极而泣的笑。

我之所以原封不动地引用《故乡在纸上》一文的记录，目的是想告诉读者，每一个人的成长都是一种生命在痛苦中拔节的过程。在孩子的成长过程中不仅孩子是第一次经历许多事，家长也是第一次做家长。每一个长大的孩子都是灾难之余的幸存者。后来，张阔的下巴上磕得缝了两针，后脑勺上也缝了三针……这些经历让我清醒地意识到人是一代一代在进化中进步的，所以，每当我看到儿子眼角那一条小蝌蚪一样的疤痕，我总能想到一个人成长的不易，想到一代一代人延续下去要经历的各种苦难不幸与悲欣交集……

第五章　启迪就是让孩子学会理性思考

高一暑期放假之前，张阔的数学老师见我说："高中二年级文理分科了，学理科的数学讲得快。暑假，尽量给孩子报一个数学补习班，让他将高二的数学先学一遍。开学后孩子会腾出一些时间，更好地提高各科成绩，尤其是像张阔这类的孩子。"我理解老师的良苦用心，都想让自己的学生考出好成绩，考上好的大学。但是，鼓励孩子们报补习班我不认同，对于补习班我也非常反对。我觉得学习是脑力活，不是体力活。最重要的是理解力，而不是投入多少时间的问题。有多少家长有这样的认知呢？

中国实行的"双减"，和当时补习班太厉害有关系。随着高考的升温，数理化补习班如雨后春笋。有些老师发现补习班挣的钱比工资多得太多了，因此把补习班的课当成了主业，学校的课当成了副业。这种以金钱为导向的教育思想居然能为老师带来丰富的收益，他们有学生资源呀！许多以清贫著称的老师很快有车了，出手也阔绰了。网上有一个段子讲，有一个高中老师办补习班发财后，买了一辆宝马。但他的生活轨迹只是在教师家属院与一墙之隔的学校之间。怎么办呢？每天将宝马从学校前门开到后门……后来，疯狂到教育部下文禁止在职老师自己办补习班，违者吊销教师资格证……尽管如此，仍有老师在金钱的诱惑下偷偷地办，只是手段更隐蔽了些。

艺术生照顾文化分。许多成绩差的高中生见自己考学无望，在老师的指导下报美术班、音乐班。更有甚者，有些对音乐一窍不通的学生学吹一年笛子也能考上大学。音乐美术的艺考班又火了一阵子。当国学班也大行其道时，开补习班的未必是有知识、有水平的人，只当这是一个热门生意罢了。"不愿意让孩子输在起跑线上"的家长，能给学前班的孩子报十几个班，忙得像陀螺一样。张阔上小学时，有一个家长怂恿我妻子给孩子报语文班，我一听笑了。妻子非拉着我去试听一下，看一看课外班优秀的老师的水平如何。"同学们，你们知道曹操的五虎上将都是谁吗？"补习班的老师嗲声嗲气地问学生。"娘那个脚，你知道孙权的五虎上将都是谁不？"这哪是传授知识，纯粹是逗闷子哄孩子开心。

"师者，所以传道授业解惑也。"什么人该传道？有德行的人。什么人有能力传道？有道行的人。什么是道？事物运行的原理与发展规律。比苦练得来的技巧还高的水平，所以才有了"技不入道，不足论也"！什么是授业？传授知识、方法或者技术。解惑，就是解答疑问。许多老师别说传道了，连解惑都难以做到，仅凭受几年师范教育，在学校照本宣科地教几年书后，就为了"挣外快"到补习班兼职去了！如果你细心一问，他自己的孩子教得怎么样，脸立马绿了！

张阔中考结束，我们回漯河老家，见到陈军老师，聊起来暑假让张阔上高中补习班的事。

"张阔考多少分？"陈军老师问。

"657分！"

"那就不用报了。孩子能考这个成绩是有自主学习能力了。在家看书或者到网上给他报名参加各种世界名校的夏令营，让孩子的视野扩大、志向高远！"陈军老师建议。

"许多家长都让我替孩子报高中补习班。"妻子强调。

"高中也没有多少知识！只要有学习能力，养成好的学习习惯，考个好成绩是理所当然的。如果一个人不会学习，靠拼时间苦学，即使考上好的大学也没有创造力。"陈军老师在漯河高中担任主抓业务的副校长多年，漯河高中培养出上百名考入清华、北大的学子，自然对教育有着深刻的体悟。"我在漯河高中任副校长时，看到从教育局给我分来的普通大学毕业来的老师，有的甚至是复习几年考上师专的，我就不想接收。你想一想上学时就不是一流学生的老师，自己学习都没有方法，能将学生教成一流的吗？"陈军老师的一席话，打消了妻子给张阔报暑假高中补习班的想法。

我不主张报补习班。因为，我清楚学习不是干体力活，可以积少成多。如果人的理解力跟不上，学一遍和学两遍没有什么区别。高一开学，张阔中考的数学119分，化学49分，都是差一分满分。七中的五大科联考兴趣班都选中了。张阔的意见是参加一个。"哪一个也不要参加，课堂上认真听课，将知识融会贯通，一步一个脚印扎扎实实地考进清华、北大！"我有上高中时想通过写文章发表作品保送大学作家班的惨痛教训，坚决拒绝儿子走这一条路。"我的小学同学梁怡飞、七中的徐幕远他们都参加了。听说，五大科联考兴趣班学的知识比较深，也比较广。高一时甚至将高三的知识都学了……"同学们的认同对孩子的影响特别大。"高中三年才一千天，时间就是宝贵的资源。五大科联考，七中保送没有成功的纪录。另外，满分750分，清华、北大在河南省招生分数线是685分以上。扣除语文28分，你每科成绩都要接近满分，不能偏科。"教育最大的作用就是启迪。启迪的本质是运用理性。从来不给孩子讲道理的我，只谈事实。张阔听了我的意见，果真没有参加一个兴趣班。高一期末考试，张阔的物理与化学均96分，成绩高出兴趣班的同学。

关于数学，由于我是文科出身，对数学一直有一种神秘感。参加工作之后，有了大量自由时间，我又想起了没有学精的数学。《奇妙的数学史》《数学哲学》《数学之书》《数学大师》《数学与逻辑》……这些书我买来耐心读过之后，突然发现数学与写作的巨大关系，尤其是想到语言方面的修炼，正如金岳霖那一句话："哲学的本质是逻辑问题。逻辑的本质是语言问题。"我将自己35岁那年写的文章找出来，耐心地逐句逐字地修改：情绪化的语言——删除，形容词——去掉，去不掉的换成动词，竟然发现，语言逻辑性代表了一个作家的涵养。由于对科学史的兴趣陡增，对牛顿、莱布尼茨、胡克、哈雷、高斯、麦克斯韦、爱因斯坦也是兴趣盎然。为了看懂《上帝掷骰子吗？量子物理史话》这类书籍，有一个朋友马新坡是数学专家，有空我让他给我讲微积分、线性代数。"受过初等教育的人就有了二维思维，三维就复杂多了。其实，三维思维是二维思维的升级，最典型的是球面三角形。受过九年义务教育的都会算平面三角形，而遇到球面三角形，很多人都蒙了。其实，只要会平面三角形就会解球面三角形。"

我和马新坡经常在一起讨论数学逻辑，试图用最简易的方式找出复杂的公式背景。为了找出椭圆的规律，我们恨不得写一部椭圆的历史，将阿基米德、第谷、开普勒研究一个透，想从源头弄清楚他们是怎么推导出最初的椭圆公式的。因为，我们上学时老师只讲公式，根本不讲公式是怎么来的。毕业后连中小学的数学、物理知识都忘了，孩子的学习辅导不了。家长们谎称是忘了，本质是上学时根本就没有学会，或者是没有学通。否则，为什么小时候学的加减乘除、游泳一生受用……

任何一个人都很难完全摆脱环境的压力。由于数学老师的再三叮嘱，虽然我从内心里一百个不情愿让孩子报课外班，妻子觉得数学老师一片良苦用心，给张阔报了联大的数学暑假班，张阔硬着头皮去听了。"这老师一节课的内容非要扯成二节。""老师讲课是照本宣科。你要是连续提问，他能卡壳！""他为什么不讲公式的由来，只讲公式的运用呢？"张阔上学时一直有一个毛病，就是怀疑精神大，任何老师的毛病都挑。联大暑假班的老师年轻，更容易挑出刺儿。听了三次课，张阔不去听了，恰好西安交通大学的青少年科技营开始了，妻子借着这个理由将剩下的学费要了回来。

西安交通大学在国内排名比较靠前，又是上海交通大学分离出去、有着百年历史的大学，这让张阔兴奋了两天。七中同去的学生有十五名，全国加起来有三百多名。由于这次是各地教育系统公费，学生进校后发有饭卡，晚上住在学生寝室，整个科技营的七天不能出校，"最有意思的还是西安交大的教授讲的课。有一个叫陆卫明的教授给我们讲言必信，行必果，大家以为这是形容一个人言出必行的。其实，在《论语》中是贬义词。原文是：言必信，行必果。硁硁然小人哉。硁硁的表面意思是信誓旦旦、理直气壮，却是一个贬义词，通常用来形容固执、浅薄。整句话的意思是，说了就要去做，做就要做出结果，这与那些固执浅薄的小人没啥区别。还有一个例子，三思而后行，我们理解是做什么事要再三考虑，谨慎不出错。《论语》中原文是：季文子，三思而后行。子闻曰：'再，斯可矣。'季文子是鲁国的大夫，做事过分小心，过分仔细。孔子听说后，想两次就行了，想得太多了就束手束脚干不成事了。孔子当过大司寇，有从政的经历，知道不担当是做不了决策的。"

张阔很少离开他母亲这么长时间，空闲时给他妈打电话，讲述自己在西安交大的学习心得，很是有新鲜感。不过，最大的遗憾是科技营结束前有一个文艺会演，要求在网上报名。张阔钢琴十级，获过两次特等奖，自然想在全国的青少年科技营同学面前展示一下，口头和教官说了一声。没有想到的是，因没有网上报名，文艺会演时钢琴独奏没有报上去，错失了表演的机会。张阔那个懊悔，找教官商量。教官有些歉疚，就安排张阔后台钢琴伴奏，并单独送给张阔一个西安交通大学的纪念册，作为补偿。

没有一种经历是多余的。但是，如果经历不总结也仅是个人经历，对成长起不到多大的作用。基于这个理念，从西安交通大学青少年科技营回来之后，张阔趁着记忆犹新写了一篇《科学营之思》：

　　时光溯流，地转星移，在时间与空间的错位中，甲午战争后国人的咆哮、南洋大学学生的怒吼、交大西迁师生的信念、多年后不朽的丰碑在带着沉甸甸的荣耀与责任的交大学子——展现，领先世界的电气工程、能动产业的前沿研究、飞行器的创新设计、高精尖的专业实验室异彩纷呈，过去与未来在现实交错，聚光灯打向了我们，照射出我的深思与渴望。

　　有人说，夜晚是世界的眼睛，无孔不入的黑暗中，一双双眼睛还原了世界的本质。我在西安交大的夜晚漫步。虽然深夜，虽然暑假，仍有学子在此坚守。我走过航天学院，沉默的大楼在夜晚分外肃穆庄严。我信步运动场，学生与居民相融，人声鼎沸。可我总会走到一个地方，一个充满书的地方。那里座无虚席，每张桌子上都有交大学生在静思。我小心翼翼地行走，生怕打扰他们的呼吸。我来来回回地漫步，时而坐下感受他们的心跳，黑暗被挡在外面，上千交大学子在深夜的图书馆造就神圣与庄严，让我肃然起敬。有人说，考入大学后一如解放，从此勤奋是路人。有人说，在大学社交是进入社会的基础，学习则是次要因素。我想，这深夜上千交大学子足以让我明白，勤奋是天才的习惯，学习是学生的本业，学习是一生的事业。获取知识的喜悦，钻研难题的挣扎，沉浸知识的满足，也许正像一个好奇的男孩拿到新玩具的惊讶与好奇，这便是终身学习之秘了。

　　我参观了顶尖的实验室，了解了前沿的研究与许许多多实验器械。其中有一点令我终生难忘：教授向我们讲解了一台从美国购置的、价值两千万美元的发动机。我问："美国是否在设计发动机时加入了保密装置，防止中国从中学到技术？"他笑了笑："没必要，给了我们，我们也学不会。"当时我一下子愣住了，原来科技的优势压制竟是如此赤裸的真实。当今位列世界强国之林的中国，居然向人家购买已投入运行多年的机器，人家居然没有任何保密装置，因为根本无法复制。这是何等的无力！科技优势的压力至今笼罩在太平洋的彼岸，中国正走在前人从未走过的道路上，却仍只是个追梦人。

仔细思考，才会发现科技优势的恐怖。对于顶尖的科学家来说，只有发现前人所未发现的才有意义，只有为科学史的进步、为人类文明的进步做出贡献才算是成就。而且许多前沿研究只有在少数发达国家才能进行。这就是为何没有获得诺贝尔物理学奖的中国人，却有获得诺贝尔奖的华人。科技优势带来人才流失，人才流失加剧科技差距。这是我国当今必须深思的问题。好在有像钱学森一样心怀祖国、无私奉献的中华儿女，中国仍旧在追梦之路上阔步前进。

科学营里学的未必是科学，也许是感悟、见闻，但更多的是一枚种子，一枚科学的种子。当我在校学习科学时，总会想到那些顶尖的实验室、前沿的科学研究，这些就是我学习科学的动力、我无悔的追求。

学习分内驱动力与外驱动力。内驱动力又分个人层面与社会层面。当一个人身上有社会责任、时代责任时，他的学习动力是不言而喻的。读着张阔的文章，我的泪唰一下子下来了。

教育最大的责任是价值观的渗透。孩子到一定的年龄时不一定听你说什么，而是模仿你在干什么！一个家长日常行为对孩子的影响胜过无数次的说教。为什么许多成绩好的孩子都有一个勤奋的家长？因为，勤奋的家长解决了孩子学习动机的问题。由于我一直给孩子灌输一种理念：人这一生就应该为社会做贡献，而非一般家长经常说的"好好学习考一个好大学，找一个好工作"，张阔的理想在八年级时就确定了，要当一个物理学家。

第六章　在日常沟通中让孩子学到知识

　　组织的第一大特点是整齐划一，所以学校作为一个组织团体给孩子们提供的仅是社会化的教育。个性化教育，是由一个个不同的家庭来完成的。来到这个世上的每一个人都是独一无二的。孩子能不能享受到独一无二的个性化教育，和父母的教育思想有关。

　　有人能将童年的记忆追溯到两岁，有人是四岁。而我对我的童年，记忆模糊得可怕。二十多岁写作时，我就搜肠刮肚地回忆了一次，唯一有印象的是三岁时的搬家。在久远的印象中，夕阳下我手里拎着一个小塑料桶，跟在母亲、哥哥后面，从场面（农村打麦子碾平的场地）往新盖瓦房搬东西。好像因为家里什么东西抑或是自己的玩具丢了，我一路骂骂咧咧的。事后，我对母亲说，我记得我们第一次搬家的情况。母亲说："1980年，你三岁不到，怎么能记事呢？搬家是从正街的老屋搬到后街的新瓦房里，哪有你记忆中的那个场面？"因此，我拼命地搜索我们正街老屋或新瓦房的零星记忆，可一无所获。

对童年确信无疑的记忆，是我上小学去报名的前一天。当时学校的条件非常差，我和邻居战伟共同使用一个中间有一个长条窟窿的课桌。那时一年级的学生都没有凳子坐，我站了一学期。第二学期，我哭着要凳子，父亲给我做了一个三条腿的板凳。虽然只有三条腿，也怕别人偷去，上学搬去，放学搬回来。

1977年出生的我，尽管没有挨过饿，但生活条件不好。每年春天，因为家里粮食接不上新麦子下来，一家人要吃杂面馍。家庭条件不好，很难有改善一下生活的情况，所以从小我就特别地馋肉。兄弟多，从小上学没有见过雨伞，再大的雨都是母亲找一个塑料袋子，对角一折，套在头上，赤着脚去上学。那时上小学，每逢下雨时，最大的期望是母亲能送个小花伞，送双小胶鞋。可是，这种期望一直都没有实现。许多次我问母亲，别人在雨天上学都打小花伞、穿小胶鞋，为什么我们没有。"别人都是兄弟一两个，你们兄弟四五个，个个要买，得多少钱呀！"于是，后来纵使再大的雨，我们都是由母亲找一个塑料袋子，对角一折，套在头上，赤着脚上学去了。后来，小学三年级有早晚自习了。再遇到下雨天，母亲先是给哥哥们买新胶鞋，怕他们被割破脚，而后将哥哥们穿不上的胶鞋，给我穿。以至于在我的记忆中，我没有穿过新胶鞋。对鞋的记忆，不光是胶鞋，还有布鞋、球鞋。上小学四年级的秋假，快开学时，我仍穿一双前面露脚趾、后面露脚跟的鞋。那时，好几个同学都穿篮球鞋。我羡慕好几天后，问他们多少钱买的，在哪里买的。"六块五，村里商店里都有。"得到这个准确的消息后，我就对母亲说："我的鞋烂得不能穿了，想买一双篮球鞋。""先趿拉着吧！"母亲没有好气地打发我说。"我已经问过了，咱村的商店里就有。不贵，一双才六块五。""一个人六块五，你兄弟五个，得多少钱？有本事，先把自己的学习弄好，考上大学了，到那时别说球鞋，皮鞋也多得是。"母亲冷眼看了我一眼。"不给我买一双篮球鞋，我就赤着脚。"我此时不管不顾，倔强地说。"别说赤脚，赤着身子也没有人管你。"母亲说完，转身忙去了。我看着母亲的身影，把脚上的烂鞋扯了下来，抬手扔到大门外，赤脚出去了。

深秋的玉米已经收完了，只剩下霜打的红薯。大早晨，我就光着脚，踩着白霜往地里跑。霜在脚的无意踩踏之下变成了水，凉丝丝的。白天，我赤着脚在母亲面前跑来跑去。一连好几天，故意给母亲看。母亲好像没有看见似的，不理我。离开环境，光靠意念是无法胜利的。开学的第一天，赤脚出门后，我又踅了回来，期望母亲喊我一声。母亲还是不理我。我鼓着勇气，犹犹豫豫地光着脚走向学校门口，并且一直是走一走停一停，期望这时母亲手里拿着一双六块五的篮球鞋追我。虽然根据我对母亲的了解，这个期望不是很容易实现，但是，不到最后我仍不愿放弃。到学校门口了，我看买新鞋的希望彻底没有戏了，又回到家，把我扔的那一双鞋找到，趿拉着小跑到学校。

不认识字前，人的形象思维是最重要的，小人书连环画特别流行，孩子们通过画册来了解故事，发展为很多小孩子都喜欢用画画来表达自己的意思。但是农村，家长们不懂美术，整个村子也没有会画画的。小孩子画的人多是火柴人，达不到准确表达的程度。进入小学了，也没有美术教师的指点，慢慢的连画火柴人的能力也退化了。关于美术教育，记得最清楚的一件事是，我已经上初中三年级了，一次英语自习课，无聊，我模仿着《中学生阅读》封底的黄鹤楼，从上到下一点一点一笔一笔地描，投入到老师站在我身后好久也没有发觉。一会儿，同桌忍不住笑了，我一扭脸，窘得浑身不自在。"画得还不错嘛！"老师说着，从我桌子上将我画的黄鹤楼拿走了，看了几遍后，说："画画最基本的技巧是比例问题！""噢！"我不好意思接腔。但是，他的这一句话，在我脑海里盘桓多年……

农村的音乐教育更不用说了！我上小学时，整个学校就一个音乐老师，还是数学老师兼的。一台风琴哪个教室上课抬到哪个教室，几年就学一首歌《我是一个粉刷匠》。多年前，在农村要想接触到音乐教育，最直接的是响器班。农村的婚丧嫁娶，人们为了热闹，就花钱雇响器班来吹响器。所谓的响器班，就是笙、唢呐、梆子、镲组成的简易管乐班，多是吹一些粗陋的曲子。农村谁家死人，都要请两班响器。响器班为了招揽生意，在和另一班吹响器的对擂时耍一些花招，吹流行歌曲、唱戏、模仿秀……我也曾经幻想着学拉二胡，那时的条件不允许，只能想一想算了。后来，张阔学钢琴，某种程度上也是为了完成我这个梦想。

教育的本质就是进化，让下一代规避自己成长过程中走过的弯路、犯过的错误，让优秀的经验在孩子身上实践，达到一代更比一代强的目的。如何让儿子的童年受到正确的教育，我系统地学过心理学，知道让·皮亚杰的认识发展理论——对于零至两岁阶段的儿童，看图片识物是最好的教育。两岁至六七岁是前运算阶段，看动画片最适合。所以，张阔上小学之前，我绝不会给他任何古诗背诵、识字练习。《天线宝宝》是他的入门级动画片，成年人看起来简单得几近荒诞的故事，张阔反反复复地看了两年。

"从小看大，三岁至老。"张阔七八个月不会说话时，有一次给他玩具，玩两下摔到地上了。我脸一寒，他立即感觉到我的不友好了，情绪也跟着低落起来。我盯着他，想给他讲道理，想到他还不懂事，讲道理未必有用。正犹豫时，张阔突然凑过来在我脸上亲了下，自己先笑了。我被逗乐了，意识到这个孩子的友好与情商。为了提高他的免疫力，每天早上给他喂一勺蜂蜜。一次，妻子喂张阔时，他机智地说："今天天气不错，应该吃两勺蜂蜜。"把我俩笑得眼泪都出来了。

两岁多一点张阔进入幼儿园时，还经常尿裤子哩！我坚持让他入园，提前融入集体生活。商务厅第二幼儿园离我家很近。每天，我骑个二八老式自行车，将他放在前面的车篓里。父子俩脸对脸地一路聊，从地上跑的是什么到这些树怎么会开花，从灰太狼为什么吃不到羊到人为什么会放屁，幼儿园时张阔的问题是五花八门，见到什么问什么，每一个问题，我都认真地解答。为了满足孩子的好奇心，我将《十万个为什么》当作培养孩子的入门级教科书，直到有一天他说："爸爸，咱们坐在电梯里，电梯突然掉下来，如果等到它快掉在地上时，我们跳起来是不是摔不到我们了？""张阔，你坐过过山车没？""坐过！""坐过山车失重时是什么感觉？"我反问。"身不由己！"张阔想了想说。"人坐在电梯里，电梯往下落时人也会失重，根本跳不起来。所以，电梯直接掉下来后，一定会摔着人。"我知道孩子如果得不到满意的答案，对父母会产生失望的情绪。同时我也惊奇，孩子的问题是如此丰富多彩，孩子是如此爱思考！

　　正规的幼儿园是严格按照国家教程教育孩子。张阔在幼儿园里并没有学习汉字与珠心算之类的早教课程。张阔的老师找到妻子说，幼儿园里有一个舞蹈小班，张阔身体很灵活，想让他参加试试。"试一试呗！一期三百块钱，为了照顾老师的面子，报呗！"这是张阔上的人生的第一个课外班。从压腿到劈叉，老师让孩子们在家长面前表演时，看着有模有样的。我母亲心疼孙子，怕张阔冷，每到冬天都做两条棉裤送来。幼儿园四点下课，报舞蹈班的留下来上课。张阔穿着厚厚的棉裤在有暖气的教室里压腿，每一次练完都是满头大汗。一次周末，张阔意外地说："每次舞蹈课，老师都让做非常难受的动作。""什么样的动作难受？"我知道这个年纪的舞蹈课纯粹是哄小孩玩，怎么会让孩子难受呢。张阔模仿舞蹈动作，将头使劲地往并拢的两条腿上贴，一会儿就憋得脸红。我看得心里一热，坚决不让孩子练舞蹈了。

　　任何艺术形式，只有适合某个人才会使其表现出极大的兴趣。后来，妻子在其他孩子父母的怂恿下，又给张阔报一个离幼儿园五六十米远的美术班。一个画国画的人在自家住的六楼上搭了三间玻璃房，教几十个孩子。那段时间，我在写长篇小说《封口：中国营销界的罪与罚》，下午接送孩子的任务就由妻子担任。每天下午，张阔也一本正经地和小朋友们一起去上国画班，半个月下来，老师对妻子说："张阔真有天分，学得真快。"一个月下来，老师的表扬升级了。"张阔会画鸟了，画得形象生动逼真。""我的这幅画，是老师握着我的手画的！"张阔不会撒谎，坦然地说出了这幅作品的诞生过程。"唉！这个国画老师不适合当老师，适合做生意。"我感慨一番后，国画班的老师后来打几次电话，声称张阔是那一批孩子中学得最快最好的，我坚决不让孩子报名了。

张阔是 9 月 18 号的生日，幼儿园毕业时，六岁多七岁不到。很多家长找关系想让孩子早点进入小学。我坚决让张阔再上一年大班，妻子不理解。"男孩子发育晚，早上一年和晚上一年智力上差别很大！过早让孩子上小学等于拔苗助长，会给孩子造成自卑心理。"我是心理学专业毕业，在教育孩子上比妻子有话语权。因此，张阔上了两年幼儿园大班，七岁多才进入黄河路第二小学。

开学第一天，我领着张阔到黄河二小的门口，让他独自进去了。"放学后能自己回家吧？"路上我问张阔。"能！"张阔自信地说。"那好！"放学时，我在学校门口盯着张阔，看着他一个人高高兴兴地独自回家后，从此不接不送。

第七章　训练抽象思维是学习理科的捷径

高中二年级学习的知识，抽象的比较多了，尤其是解析几何。

什么是抽象？抽象是从众多的事物中抽取出共同的、本质性的特征，而舍弃其非本质的特征的过程。具体地说，抽象就是人们在实践的基础上，对于丰富的感性材料通过去粗取精、去伪存真、由此及彼、由表及里的加工制作，形成概念、判断、推理等思维形式，以反映事物的本质和规律的方法。例如没有学过美术的人，把一个人画像都很难。漫画家用漫画的方式三两笔就能将一个人活灵活现地勾勒出来。为什么？漫画家具有去粗取精、由一般到特殊的抽象思维能力。

抽象思维有两大工具：推理与转化。中国历史上抽象思维最有名的人是曹冲，很短的生命中因为称了一次大象，名垂青史。为什么？小小年纪能将大象转化成石头，再将石头推理成大象。另一个家喻户晓的就是砸缸的司马光，一个小孩子掉水缸里了，小伙伴们都吓跑了。小司马光瞬间冷静下来，淹小孩的是水。我们从人推理到水，水在缸里装着，转化解决水的问题，将缸砸了，淹小孩的水不就没有了吗？

这些故事现在看起来很简单，其实像我们上学时的数学题一样。不会解时，抓耳挠腮，老师一讲，"噢！原来如此。"除了语数外，理科生剩下物理、化学、生物三门课，文科生是政治、历史、地理。比高中一年级的九门课，减负了三分之一。这种减负表面上看是有益于孩子的学习，但是对学生的思维能力与知识整理能力要求更高了。张阔也觉得高中二年级太重要了，才在紧急情况下听从自己的潜意识决定不去日本的。高中二年级的第一次考试，对孩子自信心的树立有很大的影响。张阔回到家里，提得最多的是李世翔同学。高一年级，李世翔的成绩非常稳定，刷题快，学习态度好，基础也比较扎实。"他很佛系呀！"张阔每一次感慨都多多少少有点自怨自艾的失落感。"陈金良（化名）这家伙太聪明了。七中的五大科联考兴趣班，数理化三科他都报名参加了。我问他有这么大的精力吗？他说是为了跟着老师多学一遍。"陈金良我见过，瘦瘦的，确实很机灵。高中一年级时，张阔和他同班。高二文理分科后，又分到一个班。"每一次他写完作业都会到我座位上看一看我。见我写完了，他就回去继续埋头写；见我没有写完，眼神很得意地看我一眼，一副挑衅的样子。事实上，大多时候我都写不完作业。陈金良写作业的效率高，且不说他假期上了好几门预课，仅是课间的十分钟他就能利用起来刷一道题的这个劲儿，我都赶不上呀！"张阔因为竞争产生的精神压力，在高二期中考试显现出来了。张阔的成绩出来了，虽然在七中理科班是全年级第二名，总分只考了639.5分，数学只考了113分，物理考了

101 分，化学 91 分，和期望中的分数差距不小。

"老爸，我是怎么了？为什么学习效率这么低？"周末回来，张阔气鼓鼓地给我说。"我们去学校是学知识的，不是为了考试！"我毅然说。"问题是考试的结果不理想呀！""从结果倒推为什么，是学习方法出问题了，或者学习习惯出问题了。""我写作业太慢了，别说赶不上李世翔，连陈金良都赶不上。""写作业是为了对所学的知识进行检验，和刷题的数量有关系，但不是绝对关系！"为了安慰张阔，我习惯陪着他去公园散步，边走边聊。

什么是学习？基于经验而导致行为或者行为潜能发生相对一致性的变化的过程。比如骑自行车，理论很简单，控制、驾驭自行车就不一样了。开始学时，人们也是喊双眼向前看，手扶好把，脚下别忘了蹬，驱动自行车往前走。真正地学会，非得自己骑上去跑起来才行。其实，大多数人都能学会骑自行车。但是，要达到杂技团演员骑自行车的水平——在钢丝上骑，在高空骑，那就需要一定的天分了。再比如游泳，很多人先是克服不了恐惧而学不会游泳，而解决心理问题后，考验人的是四肢在水中的配合。因为，游泳的本质是让人在水中浮起来。一个悟性较高的人被丢进水里之后，即使没有人教，一会儿也能学会游泳。为什么？真正的学习不仅是从外界吸收知识的过程，更重要的是自己构建的过程。有些天才科学家、数学家并没有学多少知识，但他能创造出来知识，比如阿基米德对物理的研究、牛顿对光的探索、帕斯卡发明气压计、高斯对数学的贡献……

想要让孩子学习好，最有效的办法是沟通。这么多年来我一直坚持一家三口周末出门散步，要么在小区内，要么去公园。同时，去公园有一个固定的路线，出小区走同乐路，拐到东三街，向南走到优胜南街。路过商务厅第二幼儿园，有意无意地提醒一下张阔是在这个幼儿园毕业的，问他还记不记得幼儿园的四年时光。"只记得练习舞蹈时很难受，其他的都忘了！"儿子有一搭无一搭地答着。上金水路拐到文化路，从公园东门进、西门出。一次，我们又从公园东门进来后，我想顺时针走。"不行，得逆时针走！"张阔提出反对意见。"为何？表都是按着这个方向走的，才有顺时针的说法。我们为什么要逆时针呢？"我不解。"地球是自西向东自转的。所以，在北半球的跑道上，运动员都是逆时针跑的。""嗯？还有这个讲究？"越是司空见惯的事，越容易忽略。"地球这种自转方向，顺时针慢走感觉不出来！跑得快了，有要从地球上甩出去的感觉！"儿子逗我说。"噫！老公，儿子的知识超过你了吧！"妻子打趣说。"嗯！这个问题我确实不知道。"出于对知识的尊重，我听从儿子的意见，一家三口在公园逆时针散步。

张阔对知识追根溯源的思维习惯，是我从小灌输给他的。"人们见面之后为什么握手呢？"我经常有意无意地提问张阔。"握手，表示友好呗！""友好！为什么握手是友好，拍手不是呢？得有一个起源的说法呀！"从五六岁，我就开始让他想这些问题。"不知道！""古代没有110。人们为了防身，出门都佩带着剑。两个人见面，容易刀剑相向。伸出右手握在一起，表示不拔剑了，即友好！""噢！握手还有这种说法！"张阔恍然大悟。"拍手为什么是欢迎呢？"学习只要学会提问就如同喝水，越喝越渴！"拍手，是因为古代盛行祭祀。祭祀时要杀牲畜。人们围在一起不忍心听动物的惨叫，大家就一起拍手掩盖动物惨叫的声音，渐渐形成了一种仪式。仪式时间长了，就形成制度了。后来，扩展到社会上就成了欢迎仪式！""噢！这些都有出处的！连男人留短头发、女人留长头发都有出处吗？"张阔有一个最大的特点是发问。"有呀！中国男人剪掉辫子才一百年余的时间。之前，和女人一样留长头发。中国男人剪发，是孙中山在辛亥革命时提出的'女人放足，男人剪发'。"每当我讲到这些问题时，张阔会习惯性地用崇拜的目光看着我。

追根溯源最大的好处在于理解力的提升。我印象最深的是张阔上初中时，向我提到唐朝的一行和尚算出了子午线的长度。"怎么算出来的？"我问张阔。"不知道呀！"张阔无奈地说。"问一问你老师？"我建议。"好！"张阔在学校爱提问是出了名的，惹得老师对他爱恨交加。"老师也不知道！"张阔回来丧气地说。"好，我告诉你！在汉代，中国就流行一句话叫'影错一寸，地差千里'。这说明那时候人们就知道地球是圆的了。在夏至的中午，在中国南北相隔一千里的两个地方各竖一个日圭，测量日圭的影长，得出了这个结论。到了唐代，唐玄宗命令一行主持修订新历法。一行发起和组织了一次大规模的天文测量活动。测量地点达十二处，以今河南省为中心，北起铁勒（今内蒙古自治区以北），南达林邑（今越南中部），测量内容包括春分、秋分、冬至、夏至正午时分八尺之竿的日影长、北极的仰角以及昼夜的长短等。太史监南宫说等人在河南滑县、浚仪（今开封）、扶沟和上蔡四处的测量最为重要。这四个地点的地理经度比较接近，大致是在同一经度上。南宫说等人除了测出四处的北极高度和日影长度外，还测出了这四个地点之间的距离。一行计算出：北极高度差一度，南北两地相隔351里80步，合现代的长度是151.07公里。这个数据实质上就是地球子午线一度的长。"

讲到晚上十一点，张阔还是不太明白。"好！你去算吧！闭上眼后想一想扇形的面积公式。"我清楚知识的最大魅力是运用，故意给张阔提出这样一个问题，让他在脑子里思索思索。张阔一脸懵懂地去睡了。第二天早上，我五点半起床，洗澡，泡茶，读书。儿子听到动静后，很快爬起来了。"是不是根据圆的周长公式，推导出扇形的面积公式，再根据一度的扇形面积，推出来地球的周长！"初中生还没有学过角弧，只能这样表述。"是的！"我明白这个时候给儿子讲得太深了，他也不会太明白。他知道基本的原理与数学推理能力已经很不错了。

"我用什么办法能将学习变得像玩一样的，让高中生活变得很轻松呢？"张阔经常问我这个问题。"举重若轻，你的学习能力是举二百公斤，但是你在学习中只举一百公斤，你就感觉到轻松了！"我引导张阔说。"大家都拼命地在学，我做不到优哉游哉呀！"张阔有些不自信。"人是环境的产物。高中老师根据多年的教育经验故意将学习氛围制造得很紧张，目的是激发学生的学习动力。但是，学习动力不等于学习效果。要想有好的学习效果，你必须总结出一套自己的学习方法，且行之有效！"

关于学习方法，我要求他背每一科的目录。因为，知识是相互连接后才能成为体系。了解体系后，很多知识是可以推理出来的。"问题是，高中的科目增多，学得也快。我不能像初中那样轻松呀！"张阔感慨。"当然了，如果上高中了还用初中的学习方法，那不是刻舟求剑吗？""高中应该采用什么方法？"张阔问我。"我告诉你的方法就像借给你的鞋，你穿着不一定合适。要想合适，你得自己总结学习方法！况且，我的学校生活已经结束二十余年了，那时，还没有互联网呢，想知道一些知识不像现在百度上一搜就行了，我们得问老师。但是，那时的老师知识也是有限的。印象最深的一件事是学了课文《两小儿辩日》，我问语文老师，到底是早上的太阳还是中午的太阳离我们近。语文老师一听，慌忙地来一句'我上趟厕所'，一去不回了。""学了这篇课文，老师也没有给我们讲呀！"张阔瞪着眼睛说。"我们可以搜百度呀！"我启发儿子说。"尤其是高中学了椭圆之后，加上视差，就知道是中午的太阳离我们近了。""呵！"张阔用手机搜了"是早上还是中午的太阳离我们近"问题后，若有所思了。"我告诉你的方法估计是原始级的。"

实质上，高中二年级是考验孩子抽象思维的重要学习阶段。解析几何、椭圆公式与加速度这些知识实质上是从二维到三维的跨度，这些三四百年前产生的知识，阻挡了很多人，让人们意识到科学的诞生是需要思维跨越的。如果没有受过这种知识教育，一个人很难形成系统的理性思考。二十年前，高中生经常遇到这样的问题。高中一年级时，有个女生成绩非常好，每次考试都是名列前茅。高二期中考试先来一个下马威，成绩不拔尖了，紧接着是一次不如一次……这个女生不服，拿个手电筒在被窝里学习，连上厕所手里都拿着书。但是，学校的红榜上再也见不到她的名字……基于自己的学习经验，我希望张阔在高中二年级将自己的理性思维优势彻底发挥出来，很轻松地将这些知识学会、理解透以便于更好地运作。张阔放弃去日本的机会，和我经常给他灌输高中二年级的理科思维有关。

"我试一试。"张阔答复我。两天后他将自己的学习方法总结出来了。

"一、效率。有效的学习，判断标准是成绩。二、深入思考，把不会的弄懂。三、知识整理。日：感知、积累、熟悉。周：系统、归纳。月：化为一体。四、写作业有两种，一是思考解决、学习，二是输出知识。刷题也重要，但不是根本。"他将学习方法递给我时，怕我不满意，又加上一句话："心理是一种混合的状态。当一只勤劳的小蜜蜂，一道一道往下做。"

"张阔，学习的本质是一项长期的心理活动。要想没有压力，你必须甩第二名几十分，在心理上占绝对优势后才会有真正的自信！"我鼓励儿子说。

"好，我硬拼一段时间试一试！"张阔受多年音乐教育的影响，自卑的时间多，狂妄的时间少。

第八章　家庭是培养孩子兴趣的第一场所

所谓的家庭教育，就是父母对孩子的教导与抚养方式。尤其是家长渴望的生活状态与未完成的个人心愿，对孩子的成长有着深刻的影响。

张阔学钢琴，就是我的音乐梦想的一个延续。关于音乐，我小的时候曾经锯过我家的竹爬子，用火锥钻几个眼学做笛子。其实，农村懂音乐的很少，除了响器班的人，几乎没有人会乐器。我异想天开地认为笛子就是竹竿上钻几个眼，结果吹出来的就是噪音，自然学不会任何乐器，但是音乐的梦想就此埋下了。直到上大学时才模仿同学背个吉他在校园里瞎逛。一把二手吉他指板已经变形，指头按琴弦磨出泡来才分清哆来咪发唆拉西，学了一个学期才学会《把根留住》……

许多家长成长过程中的遗憾会在自己的下一代身上弥补。我也不例外！我妻子单位是河南省文化艺术研究院，前身是河南省地方戏剧研究所，单位懂音乐的人特别多。我妻子进这个单位不久后学会了五线谱。她是一个爱钻研的人，用很短的时间就将简谱与五线谱与电脑结合起来，成为省里为数不多会打乐谱的专业人才。我同学赵军是在白俄罗斯留学搞作曲的，王朋是河南大学学声乐的，每周这两个人都到我家喝酒。等着吃饭时，赵军说："教张阔弹钢琴吧！""我看中！"星期天，赵军领着我们到二手钢琴市场花一万六千元买了一架从日本倒腾回来的二手卡瓦依，让张阔开始了他的琴童生涯。

每周两三天，我们喝酒前等下酒菜的工夫，赵军教张阔弹钢琴，从最简单的认琴键到弹《钟》这首曲子，张阔用了半个月的时间。大家都知道兴趣是最好的老师，如何让孩子一直保持学习的兴趣，是许多家长面临的极为棘手的问题。为了让张阔保持弹琴的兴趣，第一年，我只要求他每次弹半个小时。一年之后，会弹一些小曲子了，要求他弹四十五分钟以上。

城市越大，人越孤独。城市的孩子最大的问题是活动空间比农村的孩子小，小孩子们在家长的影响下也很难建立真正的伙伴关系。尤其是城市脆弱的尊严意识，也难以让孩子相互之间形成依赖式的情感，孩子对家长的依赖也就越来越强。所以，张阔从小看动画片看到只要电视开着，他猜时间准到不差五分钟：什么频道几点什么动画片开始，他都了然于胸……这种生活空间对孩子的社交能力的培养是不利的，很难形成包容与妥协的思想意识，但有利于培养他学习兴趣。

钢琴对孩子的好处，绝大多数家长都意识到了。音乐不仅让孩子有一个情绪的发泄方式，弹钢琴的过程中也练习了孩子的左右手、眼睛与左右脚的协调能力。所以，我们小区的家长只要条件允许，都让孩子练习钢琴。张阔上小学三年级，一起练琴的十几个孩子坚持下来的没有几个了。我住的小区不大，三栋楼一百六十多户。家属院小，建筑商在设计时一层架空，增大活动空间。有了这个便利，小区的居民每天早上、下午在楼下活动。小芬姐在郑州市五交化公司离休之后，闲得让自己的活动很有规律。一天上午，我和妻子去上班，她在楼下拦住我说："张阔爸爸，让你儿子走钢琴专业呗！""唉！走啥钢琴专业呀！让张阔学钢琴纯粹是素质教育。让他懂音乐，上大学谈恋爱时有点优势。"我对小芬姐开玩笑。"咱们小区二十多个弹钢琴的孩子，每天上午我在楼下转悠时，听谁家的小孩子钢琴弹得如何。听得多了，我发现张阔弹得最好。别看只弹了两三年，比别的小孩子进步都快。最主要是你能从他弹的曲子听出来什么。"小芬姐热心地说。"我们夫妻俩都不是学钢琴出身的，没有这个判断能力。另外，钢琴弹到一定的程度，比的不再是弹得如何，而是社会关系！"不仅是中国，整个世界弹钢琴的人多如牛毛，成为钢琴家的凤毛麟角。我清楚自己的劣势，坦诚相告。"先不说那么远。我女儿小时候弹钢琴也没有想那么远，我就是陪着她练，后来弹得越来越好，凭借弹琴特长考到美国很有名的音乐学院读博士了。"小芬姐现身说法。"是，钢琴也是高考很有优势的补充。"我知道这几年艺术生很火，与画画相比，钢琴的门槛更高一些。"不仅是考学的问题，钢琴人才仍是当下中国的稀缺人才。我女儿在美国读博士期间，国内好几家单位就有接收的意向了！""男孩学钢琴？"我有些疑惑。"世界上的大钢琴家有多少女的？听得多了有感觉了，我觉得张阔是有音乐天赋的！"小芬姐的赞赏，让我对儿子学钢琴的初衷产生了动摇。

与其他学钢琴的孩子相比，张阔从小的自律性就比较强。每天中午回来，先弹半个小时琴再吃饭。下午放学回来，先弹四十分钟琴再写作业。吃过晚饭后，看课外书。"张阔爸爸，想好了没？别的家长让孩子弹钢琴都是用钱砸出来的！张阔明明有这个天赋，为什么不让他在专业方面试一试呢？"一个小区，小芬姐见我一次说一次。

有一天，我终于被说服了，对妻子说："让张阔在钢琴专业上试一试吧！""行呀！我让艺术研究院的方可杰院长来咱家一趟，听一听张阔有天赋不。"由于工作环境的便利，在河南音乐界叱咤风云的方可杰，让我妻子一句话请到了家里。"中！这孩子对音乐是有感觉的。"方可杰在维也纳音乐大厅演出过，作品《热巴舞曲》影响很大。他的肯定让我下定决心，让儿子在钢琴专业上试一试。第二步就找河南省艺术研究院的前院长王玉筝老先生，他是中国音乐学院毕业的，试唱练耳方面很厉害，将女儿培养成了很有影响力的音乐家，为上海音乐学院输送过几个孩子。我和妻子陪着张阔去拜访王玉筝老先生时，他让张阔背对着钢琴听和弦。十几个和音下来，张阔几乎都答对了。"弹琴是个技术，试唱练耳真需要天分。这孩子这辈子适合吃音乐这碗饭！"王玉筝老先生的肯定，让我信心大增。"如果真的想在钢琴上有所成就，上中学必须只考两所学校——中央音乐学院附中与上海音乐学院附中。只有踏进这两所学校的附中，才有可能被国外著名的音乐学院招走。在当下的中国，只有上了国外很有名的音乐学院才会在国内有一席之地。"王玉筝老先生话语严谨低调，令人信服。

众人对张阔的肯定让我信心大增。"备考中央音乐学院附中！"下定决心之后，我开始做张阔的思想工作："儿子，想当钢琴家不？"我一本正经地问儿子。"想呀！"张阔调皮地看着我。"想当钢琴家，你现在每天弹一个多小时是不行的。中央音乐学院附中每年只招一小班，四十人。钢琴二十人左右。全国这么多学钢琴的都想考这个学校。你想一想，一个省份不到一个。你得有多厉害才能考上？"我谆谆诱导。"呀！"十多岁的孩子还没有认真地想过这个事。"知道郎朗不？"我问儿子。"当然知道！"学音乐时赵军为了激励张阔刻苦练琴，讲过多次了。"想成为他不？""想呀！""好，要想成为他，现在练习每天至少四个小时。中午一个小时，下午三个小时。"小学下午四点多都放学了，弹到八点多再写作业，不耽误。我征求过别的专业学琴孩子的时间分配，给儿子建议。"这么长时间？"张阔有些意外。"是呀！钢琴不是有一个一万小时定律吗？""这么长时间？"张阔有些迟疑。"儿子，现在不要答复我。你想一想成为钢琴家的愿望强烈不？三天后答复我！"我清楚孩子的心理，不能强加给他，但从小让他清楚：人生最难的不是决策，而是承当！

　　三天后我问张阔："儿子，想清楚要不要当钢琴家？""想！"十来岁的孩子偶像的力量是巨大的，同时也知道要牺牲一些娱乐的时间，心里斗争一会儿后咬着嘴唇眼里含泪说。"好！选择就要承当。从今天开始，每天弹四个小时！"我看着眼里噙泪的张阔，认真地说。"嗯！"张阔没有直接回答，而是点了点头。"人生是由无数个假设组成的。这些假设形成了不同的人生道路！儿子，你选择的钢琴家这条路，尽管牺牲了很多普通孩子的快乐，但一定会收获很多普通孩子没有的成就！"我模仿着战争中将军给士兵鼓劲的动作，拍了拍儿子弱小的肩。

　　张阔沉默了一会儿，坐到钢琴前弹曲子去了……

第九章　爱思考的孩子专注力都好

应试教育的最大特点是竞争。

竞争的好处是能让学生们在这个竞争的氛围下形成你追我赶的学习气氛，坏处是每次的排名都给孩子很大的精神压力，让好学生没有安全感，坏学生有很大的紧迫感。尤其是淘汰制让很多孩子在屡次的考试受挫后容易产生习得性无助，培养了很多非常努力却并不爱学习的学生。

如何让儿子从内心里爱学习，从他出生我就开始琢磨这个问题。根据自己的成长经历与现行教育机制的变化，我认为中国实行现代化的教育已经几十年了，一代一代的学生让众多的教育家总结出了一定的学习经验，即专注力、学习状态与深度思考。专注力是学习的基础，学生只要在课堂上认真听讲了，考个 60 分及格没有问题。学习状态是让孩子经常想着课堂上学习的内容。老师布置的家庭作业除了练习作用，还是为了防止学生们下课后就不想学习的事了。因此，只要认真完成家庭作业的孩子，考 80 分应该没有问题。

深度思考能力主要是体现在每张考卷的最后一题。考官之所以出有难度的题，就是为了选拔有深度思考能力的学生。

如何培养儿子张阔的专注力呢？那需要有专业的工具——钢琴！

钢琴之所以被称为乐器之王，不仅是体积最大、内部结构最复杂，能发出八十八个不同音高的乐音，涵盖了音乐中使用的整个乐音体系，而且钢琴演奏也是非常复杂的，它要求弹奏者要用到左右手的配合，还包括眼睛看谱，脚踩踏板，嘴里经常也得唱着，对一个人专注力的要求很高。经过五六年的钢琴训练，张阔的专注力优势进入初中时已经表现出来了。他玩时能做到疯狂地在操场里踢足球，下午自习课写作业时，教室里乱成一锅粥他都岿然不动，安静如初。他的班主任曾给我说，张阔的缺点是特别喜欢接老师的话茬儿。老师说个什么问题，他知道的立即接上话，有时的反问让老师也很尴尬。优点是写作业时天上打雷都影响不了他，作业也完成得比较认真高效。事实上也是如此。儿子上小学时，学习成绩只是比较靠前。张阔因为弹钢琴，我并不是很关注他的成绩。常听张阔说："我上五六年级时，一考英语就双手抱着祈祷，让我考个及格分呗！"

事实上，孩子的学习状态是由生活状态决定的。

如何让一个人长时间处在学习状态而没有压力呢？方法：思考，和生活密切的思考。哪些问题是和生活密切相关的呢？我认为真正的读书人不是只读经典书籍，而是要上知天文、下知地理。"张阔，你知道是太阳围绕地球转，还是地球围绕太阳转？"我经常看似不经意地问他这些问题。"当然是地球围绕太阳转了。这可是哥白尼发现的！"21世纪出生的孩子最大的特点是接收的信息多，电视科教频道、互联网乃至小学的科学课都使其很早受到了科学启蒙教育。"不是哥白尼发现的，而是公元前 200 年一个古希腊的哲学家发现的！"探讨最能激发孩子的兴趣。"公元前……公元前 200 年相当于中国的什么时候？"张阔小的时候因为无聊，将十一卷的《大秦帝国》读过一遍，脑子里经常能换算东西方的朝代。"秦朝的人就知道地球围绕太阳转了？"张阔有些不相信。"是呀！"喜帕恰斯用圭臬在地上一放，观察一年就发现一年四季不相等；观察十年，发现每年圭臬的影长不相等，断定太阳不是围绕地球转，而是地球围绕太阳转。同时，他观察屋檐上的雨滴，开始是一滴一滴的距离较近，越往下越快，雨滴之间的距离也越远。喜帕恰斯断定物体下落时有加速度。

一个时代的总特征在很大程度上与这个时代的数学活动密切相关。怎么算加速度呢？这个问题又等上了一千六七百年，伽利略才能算出来。阿基米德发现的浮力公式人所共知。为了这个公式让人好理解，学者们编了一个故事。相传叙拉古赫农王让工匠替他做了一顶纯金的王冠。但是国王疑心王冠并非纯金，工匠私吞了黄金。这个王冠做得太好了，国王又不想破坏王冠又想测算出王冠是不是掺铜了，而这顶王冠确又与当初交给工匠的纯金一样重。这个问题难倒了国王和诸位大臣。经一大臣建议，国王请来阿基米德来检验王冠。最初阿基米德对这个问题无计可施。有一天，他在家洗澡，当他坐进澡盆里时，看到水往外溢，突然想到可以用测定固体在水中排水量的办法，来确定王冠的体积。他兴奋地跳出澡盆，连衣服都顾不得穿上就跑了出去，大声喊着："尤里卡！尤里卡！"（意思是"找到了"）他经过进一步的实验以后来到了王宫，他把王冠和同等重量的纯金放在盛满水的两个盆里，比较两盆溢出来的水，发现放王冠的盆里溢出来的水比另一盆多。这就说明王冠的体积比相同重量的纯金的体积大，密度不相同，所以证明了王冠里掺进了其他金属。这次实验的意义重大，阿基米德从中发现了浮力定律（阿基米德原理）：物体在液体中所获得的浮力，等于它所排出液体的重量，即广为人知的排水法。一千七百年后，伽利略不服。用阿基米德方法测量浮力问题，由于黄金与黄铜的密度太接近了，实验多次根本就看不出来。好在从阿基米德到伽利略，人们又发明了很多很多东西，比如天平。伽利略将掺假的黄金与不掺假的黄金放在水杯里，再放在天平上，立竿见影地分辨出来了。

古希腊的物理学说分两大学派。一派以哲学家亚里士多德为代表，另一派则以自然科学家阿基米德为代表。哲学派的亚里士多德只思考，不考证。最有趣的案例是他认为男人的牙齿比女人多。堂而皇之地写进书里多年，也没有去数数媳妇的牙齿是不是比自己少。阿基米德是自然科学家，但是思考的问题有时太无边际了。例如给他一根足够长的杠杆，找到一个合适的支点，他可以把地球撬起来。两人皆是古希腊著名的学者，观点和方法不同，科学结论各异，形成了鲜明的对立。伽利略不仅将思考与考证结合在一起，还敢于向传统的权威思想挑战，不是先臆测事物发生的原因，而是先观察自然现象，由此发现自然规律。从高空抛下来同一种物质，重的比轻的先落地，这些臆想的问题，伽利略跑到比萨斜塔上抛几次试了又试，基于这样的新的科学思想，伽利略倡导了数学与实验相结合的研究方法。为了计算出加速度公式，在那个没有秒表的时代，伽利略基于父亲是宫廷音乐师启发变通为节拍的方式计时。他将喜帕恰斯记载的雨滴从屋檐上落下，开始时一滴一滴很近，后来越来越快且整体拉长的"加速度"现象，用一个长杆刻成滑槽，让钢珠往下滚动。从声音节奏上确定钢丝间的距离，从而推导出加速度的公式。这时，数学不仅是一种方法、一门艺术或是一种语言，数学更重要的是一门有着丰富内容的知识体系，其内容对自然科学家、社会科学家、哲学家、逻辑学家和艺术家都十分有用，同时影响着政治家和神学家的学说……

很多时候，我清楚儿子未必都能听得懂，但是经不住我一遍一遍地给他唠叨，并不停地给他推荐《科学史》《牛顿传》《伽利略传》《爱因斯坦传》等书，将科学家精彩的故事讲给他。比如，爱因斯坦的妻子也是一个物理学家，爱因斯坦和他妻子离婚时，拿不出财产。他对妻子说，我二十年后能获得诺贝尔物理学奖。爱因斯坦的妻子一算，有百分之七十的可能，就让爱因斯坦写一个保证：获诺贝尔奖后，奖金归她。离婚后，爱因斯坦因光电效应获得诺贝尔物理学奖。他妻子一下子得了几十万元。这在 20 世纪 20 年代可是一个不小的数目。

爱提问的孩子，专注力就好。要想让孩子的脑子不停地转，就要不停地问问题！"张阔，你知道太阳的温度是怎么测量出来的？""不知道！"他头摇得像拨浪鼓一样。"太阳表面温度达到 5500 摄氏度，核心处可以达到 1500 万摄氏度。太阳距离地球这么远，太阳的温度又那么高，是人拿着温度计爬上去测出的吗？""不是！""那怎么算出来的？"我常给他出难题。"不知道！""网上搜一下呗！"我一提醒，他就到电脑前搜答案去了。我的目的不仅是想让他知道这些知识，主要是想让他开动脑筋，学会深度思考。

任何事情都有两面性，思考也是如此。例如，思考能让人将碎片化的知识通过逻辑思维形成智慧，但是思考如果有时间限定时就会产生焦虑。

高二第一学期期末考试前，张阔突然给我打电话说："爸爸，我又心理崩溃了！""没那么严重吧！"我笑着说。"狼来了"听得多了，我也习以为常了，清楚他就是情绪波动。"压力大呀！我现在的学习成绩再好，也就是全年级第一了。考差一次，全年级就都知道了！"张阔在电话中苦恼地说。"唉！儿子，我不是给你说了嘛！你不要将目光盯着郑州七中。北大、清华招生是以省为单位。你只有将目光放在省外国语、郑州一中这些比郑州七中好的名牌高中，和他们学校的学霸比成绩才有意义。""和他们比，我得超过郑州七中第二名三四十分才有资格。"张阔说。"那就想办法超过呗！""这么多分，怎么超过呢？"张阔发怵地说。"儿子，我不是给你说了吗？办法还得自己想！历史上有多少以少胜多的战役案例啊，公元前的埃色托拉尼测地球的周长，这些出其不意的办法不都是人想出来的吗？"我鼓励他说。"那好吧！"张阔放下电话的那一瞬间，我感知到了他语气中的坚定。

人一旦做出决定，就会有勇气了。期末考试前三天，张阔不进教室了。张阔的班主任王继夫老师果真对张阔另眼看待，在教室见不到张阔，清楚他不是逃课玩游戏去了，也就不问了。张阔在教室对面找一个空房间，将上高中以来的错题本一一找到，摊到地上一页一页地翻……他不停地回忆着当时这一题为什么错了，再做会不会还错，纠正后的方法有没有改进的可能……六门课，一页一页地翻，一题一题地深入思考、反复思考、深度思考……

知识是难以孤立存在的。因为，孤立存在的知识无法运用。要想将知识学到灵活运用的程度，必须将知识通过深度思考建立联结，搭建出自己的知识框架。遇到问题时，根据自己的知识框架纲举目张地进行倒推，找到解决方案。让一个高中生搭建自己的知识框架何其不容易。因为如何整理碎片化的知识，这是一个思维逻辑问题。如何整理碎片化的记忆，是学习方法问题。如何进行知识联结，牵涉到一个人的创造能力。因此，绝大多数学生只能按照各科老师整理的知识结构进行学习。

分科教育是德国人提出来的，已经有二百余年的历史了。这种条状的知识系统很难适应现在的技术进步与社会发展了。芬兰的教育改革已经打破了这种分科制。中国不但分科，还要分文理科。问题的麻烦之处在于，每一科都是不同的老师教的，整理出来的是模块化的，而非一个通才老师将各科知识综合起来建立一个高中知识模型。北大、清华招的高中生，恰恰是需要将各科融会贯通、有学习能力的学生。况且，搭建自己的知识框架又是一个非常个性化的问题——人的知识储备不一样、学习方法不一样、理解能力不一样，每一个高中生要想考上北大、清华，必须根据自己的实际学习情况，总结出一套自己的学习方法与一个特有的高中知识模型。张阔的优势在于十余年的钢琴训练，逻辑思维能力比同龄人要强，从小读文学、历史，知识面广。我一再强调的用理性与逻辑思维整合各科知识的方法这时候发挥作用了……整整三天，张阔将十余本错题变成一本错题，又将一本错题分解成不同的错误症结，将不同的错误症结倒推到思维方式上……揉碎，摊开，深度思考后重新构建，感觉消化吸收了才统统归零，回到寝室洗个澡后，等着考试。

很多人不相信学霸会自卑。其实，自卑是人与生俱来的心理，是人类在与大自然斗争中一代一代沉淀出来的心理基因。在很早的时候，人看见鸟儿会飞，觉得自己不会飞就崇拜鸟，形成鸟的图腾崇拜。人看见老虎威猛厉害，希望自身有这种能力就产生老虎图腾。渴望本族的人能像豹子的奔跑速度一样，就有了豹子部落……因此是人都会产生自卑心理，我儿子也不例外。因此每次大考结束，张阔都不敢主动对答案，害怕产生懊悔……成绩公布，总分 682.75，全年级第一名，比第二名高出 41 分，在郑州市的高二学生中排在第 28 位。

那一刻，张阔品尝到深度思考带来的好处，第一次体验到了自信的力量！

第十章　大格局源于大视野

视野决定格局。

　　决定让张阔去北京中央音乐学院学钢琴不是心血来潮，而是谋划已久。大家都清楚，艺术是钱养出来的。张阔要走钢琴专业道路，面临的第一个问题就是钱。且不说孩子当下学钢琴令人吃惊的学费，孩子将来考上了中央音乐学院附中、高中到国外的音乐学院的花费，没有一百万元以上的经济储备，这条路很难走下去。虽然我在销售与市场杂志社工作十余年，单位效益再不错终究是一个工薪阶层，妻子的工资也不高。从哪里给孩子一下子变出这么多钱呢？踌躇再三，我决定离开销售与市场杂志社去浙江台州比较有规模的企业当职业经理人。朋友、家人劝我要慎重。我清楚自己在杂志社的处境，2012年在长江文艺出版社出版了《总裁访谈》、长篇小说《歇斯底里》、随笔《反抗者》，积累了和企业讨价还价的资本之后，毅然决然地离开了工作十一年的单位，为儿子挣学费去了。

　　大多数人出门时都清楚要干什么，路走得远了反而忘了出门的初衷，因此，"不忘初心"才提升到国家战略的高度。离开杂志社的目的是为了培养孩子，郑州离浙江台州一千多里，2012 年还不通高铁。每一次去要大早晨从郑州新郑机场到杭州萧山机场，然后转大巴坐四五个小时才到台州。"我有两个要求：一，我是为了儿子才从杂志社出来挣钱的，不能为了挣钱将培养儿子的事忘了。所以，我到这儿工作仍要实行每周双休制。两个月，我在这儿工作四十五天，十五天回郑州陪儿子。二，我是读书人，也善于读书。做企业的人没有时间读书，我要替你们读书。所以，我要一个特权——买书的钱单位要全部报销。"浙江台州这家企业老总是我在采访时认识的，交往近十年，彼此非常认可对方的人品。从董事长助理到副总裁，我很快完成了从读书人到企业高管的转变，并深刻认识到一个人如果没有核心竞争力，在人世间所要承受的只有煎熬……

　　经济问题有了着落，我开始着手儿子考中央音乐学院附中的事。"中央音乐学院的老师牛得很。作为中国音乐的顶尖学府，老师的水平不用说了，更主要的是他们不缺钱，所以收学生时挑剔得很，没有成为音乐家潜质的孩子不收。""嗯！试一试！"几经周折，赵军通过他在白俄罗斯的留学生同学联系到了中央音乐学院的王墨卿老师，她答应先见一见孩子。十岁的张阔第一次去北京，就是接受王墨卿老师的检验，看有没有资格当她的学生。在离中央音乐学院不远的一间公寓，王墨卿老师开门后，我大吃一惊：一个刚毕业的大学生怎么能留在中央音乐学院任教了呢。"我是中央音乐学院附小、附中毕业，大学毕业后留校任教！"王墨卿老师说话很干脆，示意张阔弹一曲试试。张阔看了我一眼，又看了他妈妈一眼，坐下来开始弹赵军让他练的面试的曲子《克罗地亚狂想曲》。"手型不对，手型不对！"一曲没有弹完，王墨卿就直接对张阔说。"怎么不对呢！河南的老师都是这么教的！"张阔不服。"河南的老师这样教你，说明河南的老师是野老师！弹琴用的不是手腕，而是指头的力量。你必须将指头练得非常有力，这样弹出来的声音才有穿透力！"王墨卿老师拿着张阔的手，用自己的指尖给他示范。张阔惊叫一下，一脸佩服地感知到这个瘦弱的女老师指尖上的功夫。"压手腕会影响速度。不要压手腕！"王墨卿老师又说。"不压手腕怎么弹呢？"张阔不理解。"好，看我不压手腕怎么弹！"王墨卿老师说完，找两个硬币放在左右手的手背上，行云流水地弹了一首曲子，硬币仅是在手背上滑动几下！张阔看得目瞪口呆……"这孩子乐感不错，十岁就对曲子有自己的理解了，下一周还按这个时间点就行了！"王墨卿老师一句话，让我们悬着的心放了下来：张阔被王墨卿老师收下了。

逛首都北京是多少人的梦想。来之前，我的构想是一家三口逛一逛北京，毕竟是孩子第一次来。"这有什么好看的，还没有电视上感觉好呢。"这是张阔从地下人行道伸出个头，看了一看北京天安门后说的第一句话。"这孩子气派这么大！"我第一次来北京是1994年，北京师范大学作家班给我发一个通知，当时我对天安门崇拜得心脏跳得怦怦响！"长江后浪拍前浪，前浪死在沙滩上！"妻子也是多次来北京，见孩子兴趣不大，草草地逛一圈就要求回宾馆了。"今后每周来上课的，看天安门有的是机会！"我清楚孩子的有些东西是天生的，顺了孩子的心愿，回去了。

事实比想象的辛苦得多。从那一周开始，妻子每周六陪孩子从郑州坐火车来北京找王墨卿老师上课。开始，两个人坐的是和谐号动车，一来一回八百多元。一次两节课花费更高，一个月一万多元。几个月后，妻子为了省钱，就买比动车经济实惠的卧铺夜车，两个人睡一晚上到北京，上午找王墨卿老师上课，熬到晚上再坐卧铺回来。"白天那个困呀！"妻子在电话中跟我报怨。"开个宾馆休息呗！"我安慰妻子。"为了省钱才坐晚上的车呢，再住宾馆花钱还不如坐白天的动车呢！""日子长着呢！这样折腾就太累人了！干脆别省那几百块钱了，该坐动车就坐动车！""就是因为日子长着呢，才需要省钱呢！"妻子的话让我非常感动，张阔自然也在来来回回的奔波中体谅到了父母的艰辛，钢琴水平提高得很快。

小学五年级时，王墨卿老师建议张阔考中央音乐学院附小试一试，积累一下钢琴考试经验。那一段时间，张阔下午不去学校上课，直接在家练钢琴，每天八小时。为了那次考试，我直接从台州飞到北京和他俩会合。考场是在南三环的中央音乐学院附小，我们住在西客站附近，需要坐地铁。那一时段的地铁用人山人海形容一点也不为过。我们三口随着人流往地铁上挤时，妻子被人群挟裹上了地铁，我和张阔没有上去，眼看妻子走了。无奈，等下一趟。四分钟后，又一趟地铁来了，我和张阔盘算着如何在考点找妻子时，我看见妻子在站台上等我们呢！为了和我们一起到考点，她坐一站就下来了，非要和我们坐一趟地铁！"儿子，知道什么是母爱了吧！"那是我唯一一次教儿子怎么积累作文素材。

第十一章　学霸与考霸的区别不是分数，而是人文素养

中国的很多学生在初高中时期，就表现出了数学天赋，在世界上著名的奥数竞赛中折桂夺冠的不在少数，进入西方名牌大学的也比比皆是。为什么有影响的数学家凤毛麟角，甚至绝无仅有呢？

金溪民方仲永，世隶耕。仲永生五年，未尝识书具，忽啼求之。父异焉，借旁近与之，即书诗四句，并自为其名。其诗以养父母、收族为意，传一乡秀才观之。自是指物作诗立就，其文理皆有可观者。邑人奇之，稍稍宾客其父，或以钱币乞之。父利其然也，日扳仲永环谒于邑人，不使学。余闻之也久。明道中，从先人还家，于舅家见之，十二三矣。令作诗，不能称前时之闻。又七年，还自扬州，复到舅家。问焉，曰："泯然众人矣。"

大家都认为王安石这篇《伤仲永》是为了激励人们勤奋而撰写的故事。其实，方仲永确有其人，王安石写得基本属实。1025 年，五岁的方仲永无师自通提笔写诗的奇迹震动乡里，传得很远……1033 年，十二岁的王安石随做官的父亲王益回金溪探亲，在舅舅家遇见了同龄的方仲永。他请方仲永作了几首诗，有些失望。王安石也是自幼读书能过目不忘、下笔成文，认为"神童作家"并不像传说中的那么聪明。1040 年，王安石再次到金溪探亲，此时方仲永已做回了农民。两年后，进士及第的王安石从扬州回到临川老家，想起方仲永的遭遇，便写下这脍炙人口的名篇。

方仲永与王安石都是名震一时的"神童"，为何后来方仲永成了农民，而王安石高中进士，官至宰相，位列"唐宋八大家"呢？这得从两个人的家庭教育说起。方仲永的父亲，世隶耕。小农意识的家长因儿子聪慧能写诗，大家都抬举他，经常拉着儿子参加这个宴会那个酒局。挣个小钱，不让儿子学习，最后落一个江郎才尽、泯然众人的下场。王安石的父亲王益二十一岁中进士，一直在江西一带做知县。1037 年，王益时来运转成了南京通判，高兴得一夜没合眼，这是他当官以来的最高职位。"男儿少壮不树立，挟此穷老将安归。"在十六岁的王安石看来，通判职务还不如一粒芝麻大，以此"穷老"，觉得父亲的志向太小了。由此可见，王安石当时的志向已经不是当大官，而是做大事。宋朝有荫封的惯例，做官多年的王益想顺这条道给王安石谋个前程。"材疏命贱不自揣，欲与稷契遐相希。"王安石一口拒绝，要靠自己的实力参加科举考试。1042 年，二十岁的王安石登杨真榜进士第四名，授淮南节度判官。任满后，王安石放弃了京试入馆阁的机会，调为鄞县知县……当了二十余年地方官之后，四十九岁的王安石赴京任同中书门下平章事，位同宰相，并掀起了历史上有名的改革"王安石变法"……

没有哪个孩子注定是平庸的。但是，平庸的家长造就了太多平庸的孩子。王安石写的《伤仲永》之所以能流传至今，广为传诵，因为写的不仅是方仲永一个人，而是方仲永一类人。方仲永式的悲剧也不只在宋朝一代发生，而是世世代代都在发生。以中国科学技术大学少年班为例，截至2018年，科大少年班已经走过了40年，共招收31期学生总计1620人。举一国之力从十余亿人中选出来的"少年天才们"，没有听说哪一个在科学上有巨大的成就，哪一个在数学上有突破性的贡献。倒是有"神童"之誉的宁铂，因报考天文学专业受阻而走向玄学，终在2003年出家当了和尚。十一岁时滚动一个铁环走进科大校门的谢彦波，十八岁跟随中科院副院长周光召院士读博士时没能处理好和导师的关系，博士拿不下来，转而去美国跟随诺贝尔物理学奖得主菲利普·安德森教授学习。一个天才与一个学术巨擘本来应该相互成就的，但是谢彦波在论文上固执己见，觉得安德森的理论不对。安德森认为谢彦波的性格中有着令人无法容忍之处，比他本人还要傲气。谢彦波旧病重犯博士学位拿不下来，憋出了"心理问题"。

普林斯顿大学有着近三百年的历史，培养出十多位诺贝尔奖得主，爱因斯坦曾在该校任教授，杨振宁也是从该校毕业的。与谢彦波类似的天才少年干政也重蹈覆辙，在普林斯顿大学与导师关系紧张博士毕不了业。后来干政长期找不到工作，精神崩溃，将自己禁锢在了与母亲共同居住的家里与外界长期隔绝起来……为此，全国九届、十届政协委员，国际导航与运动控制科学院院士蔡自兴在全国政协会议上一口气提交了四篇关于超前教育的提案：不反对少年上大学，应该废止少年班。他觉得少年班不利于少年的身心健康成长，给学校和社会造成人力、财力的巨大浪费。

为什么中国的这么多"神话"变成了"笑话"？这些"天才孩子"的问题出在哪儿？家庭教育。

还原一下当时的场景。1965 年，宁铂出生在江西省赣州市一个普通家庭。宁铂的祖母受过师范教育，故孙子宁铂两岁半能诵三十多首毛泽东诗词，三岁能数到 100，四岁认得 400 多个汉字。"文革"中宁铂没学可上，在家待着乱翻书。很多人下一辈子棋不一定识棋谱。宁铂翻一段时间围棋谱就能与大人对弈，还能赢三五子。宁铂的聪明让父亲宁恩渐信心大增，四处寻找飞黄腾达的机会。"文革"结束前，李政道教授就已经给中科院写信要求快速恢复发展科技、教育，当时兼任中国科学院院长的国务院副总理方毅就非常赞同，并四处筹备。1977 年 10 月末，江西冶金学院教师倪霖受哥们儿宁恩渐的委托，给方毅副总理写了一封十页的信，向国家领导举荐天才少年宁铂。十天后，中科大两位老师抵达江西赣州八中面试宁铂。1978 年年初，宁铂受到方毅副总理接见，两局对弈全胜轰动全国……宁恩渐只想到了故事的开头，没有猜到故事的结尾。后来，宁铂的出家给父亲宁恩渐带来的是无尽的伤心与羞愧。悲郁之余，老人离开了老家赣州，移居杭州。宁铂出家后，切断了与俗世的联系。和儿子一样，宁恩渐也在躲避着原本熟悉的世界。与宁铂殊途同归的另一个天才学霸是魏永康，两岁掌握 1000 多个汉字；四岁基本学完了初中阶段的课程；八岁进入县属重点中学读书；十三岁以高分考入湘潭大学物理系；十七岁又考入中科院高能物理研究所，硕博连读，再然后……2003 年，已经读了三年研究生的魏永康成绩并不理想，因为不和自己的导师交流有一门功课直接被记为 0 分，最后被中科院劝退。怒气冲冲的母亲曾学梅来到北京。"我恨不得你死了才好。"曾学梅指着中科院的大楼让儿子跳楼，还指着旁边车水马龙的道路让儿子去被车撞死。经过一番社会讨论，曾学梅开始反省自己的教育方法：为了让儿子能够专心读书一直贴身照顾，连吃饭也是手把手地喂，希望能够帮儿子争取更多的时间用在学习上。母亲严格管教使魏永康很少和其他同学、朋友接触，没有正常的交流能力。十三岁的魏永康连自己洗脸都做不到……

前车之鉴，后车仍走。更让人吃惊的是河南商丘的张易文，办培训班的父亲张民弢感觉自己的孩子小时聪明，为了捧出一个"天才"不让孩子上学，自己在家教。九岁就让张易文参加商丘工学院的单招考试。张易文以 172 分的成绩落选后，父母不是痛定思痛，而是让孩子进入高考复读班学习，十岁又参加商丘工学院的单招，352 分得偿如愿了。但是，一个十三岁就从商丘工学院大专班毕业的孩子能干什么？一个如此有学习能力的孩子如果按部就班地高中毕业，考个"985"高校应该不是问题，继而攻读硕士、博士，继而成为科学家也不是不可能。但是，张易文十三岁从商丘工学院毕业后，到自己父亲的培训班任助教，多么令人惋惜。父母的价值观对孩子有着决定性的影响。"天下父母，孩子之本。"作为父母到底是想将孩子培养成一个"天才"，还是一个"人"，是想将儿子培养成光宗耀祖的工具，还是一个受人尊重的对社会有贡献的人，这就是家庭教育。家庭教育的范围很广，最核心的是什么？人格教育！

什么是人格教育？就是着眼于心灵启发、思维引导与品格塑造的教育。父母从孩子出生到成人漫长的十多年细致入微的观察与润物细无声的影响，有目的、有计划地利用心理训练进行知识开发与价值观树立，促进其人格健康发展的系统化教育。

人格教育的核心是什么？言传身教与精神影响！言传身教与精神影响谈何容易！这需要父母有正确的价值观与人生观，需要父母有一定的耐心与同理心，需要父母有解决困难的能力和与怠惰邪恶做斗争的浩然之气，并对孩子日复一日的浸润与年复一年的塑造，才有了"父母之德，是孩子的最大遗产"的格言。世人可曾见过，哪个怨气冲天的人养育的孩子成为某个领域顶尖高手？世人可曾见过，哪一个自卑胆怯的人培养的下一代有创造性的贡献？世人可曾见过，哪一个自私成性的人的后人成就一番伟业？故康德老先生感叹，人类有两件事情最难：一是如何"统治"他人；一是如何"教育"他人。大哲学家都发愁的事，可见其难。难，才弥足珍贵。

人文教育是塑造人格最好的基石。为了不让孩子成为一个考霸，我特别注意张阔的人格教育，对他诚实品格的要求一直都非常高，要求他写作文时宁可不要高分也得说心里话。进入高中，第一次和我们分别一周，他悄悄地给我们写了人生的第一封信：

爸爸妈妈：

　　好久不见，大概是我们之间最长的分别了吧。外面正下雨，我便趁此来写下此信。请不要担心我。我在此已结识了许多朋友，和同寝的七个人打成了一片。每晚天南海北聊，自由自在玩。八人常常笑得打墙撞床不能自已。我们关系融洽。在这里，我见识到了各式各样的人，惊奇世界之大，无奇不有，各种性格，有特消极还考了633的消极哥，还有平常看着我们聊天不说话陪笑的、一说话就语不惊人誓不休的老玄武……谈过恋爱和没有谈过的，学习成绩好和不爱学习成绩也好的。大千世界，形形色色，真的有趣极了。我们平等、独立，互相认识，互相交流，互相选择，互相培养感情。我的高中同学将会是我宝贵的财富，不要担心我的生活。我每天都洗衣服，自己按时洗漱，叠被子，收拾东西。七中校规很严，关灯了宿舍不能说话，不能违规，第一次叫家长，然后走读一周、一月乃至取消住宿资格。不能说话，站队站齐，动不动就警告、处分。第一天就劝退俩（学生），一个人扣五十分，留校察看。积满六十分开除。放心，我还没有以身试法，我还算比较守规矩的。不要担心我的生活压抑，没有自由，上有政策，下有对策。自由都是靠自己奋斗争取来的。时不时买点饮料，海吃一顿，或者偷（懒）一天，不洗衣服不刷牙，往床上一躺，和同学聊得火热。高中，多美好的年华，犯错几次是迟早的事，你俩做好心理准备，也不必太过担心，我会尽力维持我那富有弹性的底线的。高中男女分开坐，可以说是非常人性了。

不要担心我的学习，我打理好学好，规划时间，向着目标迈步，让高中生活，乃至人生变得璀璨夺目，大概就这是这样了。

听，高中生活在呼唤我呢，我得赶紧走了。

阔

易卜生说："写作就是坐下来判断自己。"尽管没邮寄，是张阔亲手递给他妈的信，妻子看得泪眼婆娑，我读得心里释然。因此，学霸与考霸的最大区别不是分数，而是写的作文中的人文素养。如同名牌大学与非名牌大学的区别不是世界排名，而是培养出了什么样的学生一样。

第十二章　顽强拼搏不是现在美好，而是有美好的希望

　　中央音乐学院附中难考的程度，远远超出了我的想象！

　　经过一次钢琴考试的张阔见识了其他小朋友的水平，比以前更加勤奋了。"基本指法就这么多，也练习五六年了，见到一个新曲子应当很流畅地弹出来！"王墨卿老师的要求越来越高了。"弹琴，不但要理解曲子，而且一定要有表达能力。比如巴赫的《月光》，这些音符指尖应当斜着进去。这样，音色更清澈明亮！"王墨卿老师师从著名钢琴演奏家盛原，有自己独特的音乐表现力。"附中招生半年后就开始了，张阔爸爸，你们商量好谁来北京陪孩子练琴。"春节前，王墨卿老师让我和妻子去，很郑重地给我说。"陪伴？我俩都有工作呀！"我虽然知道考中央音乐学院附中的孩子，有很多家长都是放弃工作来北京陪孩子练琴，但轮到自己了还是不一样。"家长请假也好，停职也好。要想考上中央音乐学院附中，反正要有一个人陪张阔来，在附近租一个宾馆房间，每天来学校的琴房练十三四个小时。同时，我也得找其他

德高望重的钢琴老师给张阔细致地抠一抠，必须将曲子弹到无可挑剔的地步！"王墨卿老师很坚定。"张阔在钢琴方面到底怎么样？"为了不伤孩子的自尊，我将张阔支到楼下时，问王墨卿老师。"现在的水平肯定考不上。所以，才动员你们来北京苦练半年呢！"王墨卿老师不客气地说。"来苦练半年，怎么样？"我忐忑地问。"谁敢保证能一定考上？全国那么多孩子来考！""他在钢琴上到底如何？"不甘心，我追问一下。"教张阔一年多了，我感觉这孩子有天分，但不是钢琴天才！""中央音乐学院招来过钢琴天才吗？"我表示怀疑。"招来过呀！两三年前有一个特别优秀的，水平比同龄的孩子明显地高出一截子。这样的孩子家长不用费多少心，高中时就被欧洲著名的音乐学院招走了！"王墨卿老师很有底气地说。"呀！"我听得心里很沉重。

弹钢琴除非你是天才，否则，拼的不仅是技术、经济条件，有时拼的是家世与每个人的幸运程度。2014年春节，我们纠结了一个春节，征求了很多人的意见。这不仅牵涉到我俩谁去北京陪孩子练琴的事，还要评估张阔走钢琴这条路的各种风险。"钢琴这条路太凶险了。我在乌克兰留学十年，发现想留在乌克兰的大学教书，几无可能，迫不得已回河南大学来教书了。"我的同学吴娜在河南大学是比较有名的音乐教授，我征求她的意见时她说。"中央音乐学院附中的竞争太激烈了，谁也无法保证！"吴娜教过很多学生，经验丰富。"是呀！不拼一下吧，遗憾！拼一下吧，风险太大了。"关系到孩子人生道路的选择问题，我是真的慎重。"我的意见是，别让张阔考中央音乐学院附中，按部就班地上初中、高中。一直坚持练琴，考大学时选音乐专业，十拿九稳！这样音乐既是一个爱好，也是一个专长。现在考中央音乐学院附中就等于他这一生就要从事钢琴职业了。万一成不了钢琴家，文化课也耽误了！"王玉筝老先生以自己的人生经历给张阔参考，一下子让我醍醐灌顶。

决策考验一个人的综合素质。

纠结了一个春节，最后决定不考中央音乐学院附中了。"行呀！"张阔平和的语气，让我感知到这个孩子的从容。从那时起，他又拜在了吴娜的门下，每周跟着吴娜学钢琴。"不考中央音乐学院附中了，音乐还得学，钢琴还得练！"我直接告诉他。"这是为什么？"张阔吃惊地问。"因为你爱弹钢琴呀！""爱！"张阔迟疑了一下，又问，"每周还去北京学吗？""不考中央音乐学院附中就没有必要了。但是，你得跟着吴娜老师学！""好！"张阔如释重负地长出一口气。"你想一想，将来你要是成为物理学家了，一边思考着问题，一边弹着弹琴，那是一个什么状态！"我启发他。"嗯！"张阔眼睛睁得很大看着我。我知道激发孩子的理想，是让他成为一个想象中的人。从小就不断地给他树立各式各样的榜样，让他选择一个他最想成为的人。这样，可以解决他的学习动机问题。"爱因斯坦不是拉小提琴吗？"张阔吃惊地问我。"是呀！钢琴和小提琴不都是一样缓解紧张的情绪吗？"以前，我给他讲过许多科学家懂音乐的事迹，他对爱因斯坦记忆犹深。"呵！"张阔会意地笑了，跑了。

吴娜是教大学的，和许多教小孩子弹琴的老师的思路根本不一样。

"张阔，这是莫扎特的曲子。"

"莫扎特的曲子，音符是这样呀！"以前，张阔一直是在弹得对与错这个阶段练习。

"一个曲子好比一篇文章。音符就好像一个个汉字。每一个字都认识也未必能理解这篇文章。"吴娜循循诱导。

"莫扎特该怎么弹？"张阔一头雾水。

"莫扎特出身于音乐世家，七岁就开始欧洲巡演，可能是少年得志，因此，莫特扎在继承了传统与古典的基础上，将个人情绪在曲子中展示得优雅有力。所以，弹莫扎特的曲子时，一定是欢愉畅快、旋律优美的。和声一定要简洁坚定，情绪要明朗乐观，洋溢着青春的活力，仿佛进入一个无忧的世界！"吴娜在乌克兰留学十年，耳濡目染，对西方音乐的理解达到很多钢琴老师无法企及的程度，并在教大学生的过程中总结出了一套自己的方法。张阔毕竟太小，有点似懂非懂。"文艺文艺，文学艺术是不分家的。你有一个作家爸爸，回去之后让他给你讲一讲莫扎特、贝多芬、巴赫、门德尔松等的人生经历，分析一下音乐风格，加强对每一首曲子的理解！"吴娜在教张阔的同时，给家长布置了作业。当时，我正在写《反抗者》这本书，其中对贝多芬做过大量的研究，对音乐史的涉猎也颇多，借着这个机会跟儿子探讨"风格即是人"的艺术哲学。

决定不考中央音乐学院附中之后，就按部就班地在小学考试。临小学毕业时，郑州七中管乐班招生，张阔去弹了一曲贝多芬的《命运交响曲》，几个评委老师听后很紧张，找到我说："你孩子在哪儿学的钢琴？""跟着中央音乐学院的王墨卿老师学了两年。""上我们七中吧！别报其他学校了。下午，我们到他上的黄河二小提档案！"因为回民中学、外国语中学都有音乐特长班，老师怕我们也报其他学校。"好！"七中初中部离我家几百米，我的原则是就近上学，没有迟疑就同意了。

几年后我对张阔说："儿子，老爸对不起你，小时候每天让你枯燥地练那么长时间的钢琴。""小时候，我也没有觉得练钢琴枯燥呀！"张阔说得很坦然。直至今天，一有时间或者感觉到有压力时，他仍会一本正经地坐在钢琴前弹一会儿，直到自己的情绪平复下来。任何艺术，只有达到能表达自己的时候才是获得了真正的自由。他在初中时写的一篇作文《我的生命里有远方》，真实地记录了自己的心路历程：

支撑人们生活下去的不是现有的美好，而是走向美好生活的希望。

在我无忧无虑的小学时代，我是一个不折不扣的钢琴少年，五年级便过了十级，之后弹遍世界名曲。钢琴上的才能让父母怀有让我成为钢琴家的希望。他们告诉我，成为钢琴家可以周游世界，享受人们的崇拜，一生都在舞台上绽放风采，成为时代的佼佼者。

涉世未深的我怎能抵挡如此诱惑！我开始专心练琴，每天练习四个小时。每当我双肩酸乏、手指僵硬的时候，想到日后舞台上的从容潇洒，便不知从哪儿冒出一股力气，像一个巴掌让我精神一振，把头一低，也不看谱，哐哐当当地使劲敲琴。这个梦想陪伴了我整个小学时光，就像一块糖，不时舔一下它，生活仿佛就光亮了。

那时，我还不知道这叫远方。

升入初中后，学习成绩越来越被看重。中招考试，按分数划定三六九等。为了这场人生重要的竞争，老师和家长对待孩子也冷起脸色，每天上课，老师拿着作业，皱着眉头，吵了一个又一个学生。作业的难度和量也水涨船高。每天晚上都要等到连虫儿都睡着了，我们才能睡觉。每天早上，城市还没有醒来，我们就得起床。日日如此，年年如此，这种日复一日、没有尽头的重压会把人逼疯。幸运的是，我有理想。准确地说，我有渴望。我渴望家长的欣慰、邻里的羡慕、老师的赞赏！我渴望出入华尔街，登上"辽宁号"，制造大飞机。我渴望在勤学苦练中变得才华横溢，成为一个受人尊重的人。这些理想、愿望甚至虚荣，让我忘记疲惫，熬到最晚的时间，交上最好的作业，克制住经常冒出来的惰性，保持精益求精的完美追求！尤其是在极度疲倦时，我打开乐谱静心地弹一曲《巴赫小夜曲》，发现万物是如此的静谧，成长是如此的迷人，世界是如此的祛魅。情绪不好时，我风卷残云地来一曲肖邦的《英雄》，积郁心中多重的块垒随着音符一泻千里，各种压力也在如诗如画的旋律中变成涓涓细流，之后又在日复一日的自我陶醉的演奏中演绎成春光明媚的鸟语花香，抑或是小雨绵绵的雨巷诗人。

这时，我明白了这就是远方。

远方就是从起点开始，一日不怠的追求。远方就是从琴键开始，经过日复一日、勤学苦练变成美妙旋律的永无止境。远方就是从他人谆谆教导养成的自律，到自觉提升到睥睨万物的悲悯情怀！远方就是未来。未来就是希望，希望在远方。远方就像兴奋剂，让你沉浸其中，忘记现在的苦与累，时常处于一个狂热兴奋的状态，迷醉于自我的满足感。

我的生命里有远方。远方并不远。心有远方，便有力量。

第十三章　相互欣赏了，多年父子成兄弟

　　高中的家长会开得非常有规律。即期末考试成绩出来后，老师在家长群里发个通知，要求家长们准时到学生所在班里开会。

　　"孩子，这几天书院的事特别多，能不能让你妈去？" 2018 年 4 月，媳妇给我打电话，说儿子有点叛逆，情绪化比较明显了。我向所服务的企业的董事长辞职。"一个副总裁，怎么可以说走就走了？" "天大的事，也没有我儿子的事大！" 我态度决绝，十天办完离职手续回郑州。认真陪了儿子三个月，他中招成绩是 657 分。这期间，有一个文化公司年薪六十万邀请我办书院。"办书院骨子里得是一个文化人，否则会变成文化骗子！" 我爽利地离职三个月后，几个朋友出钱办了"听岳书院"。

　　"开家长会还是你去吧，老爸，你讲话老师们爱听！" 多年来，儿子都喜欢我去开家长会，便于和老师沟通。

　　"那行吧！我将书院的事给他人交代一下，再去！" 这么多年来，我给

自己定了一个规矩，如果没有正当的能说服儿子的理由，那就不拒绝孩子的要求。否则，孩子在成长的过程中容易产生情感上的疏离和精神上的孤独。印象最深的一件事是买自行车。我家离七中很近，步行十几分钟。七年级时，许多同学笑他，说男人骑个女人骑的自行车。"自行车，一个代步工具，什么男人女人的！"我媳妇觉得没有必要买。"同学都笑我！"张阔争辩说。"行，买一辆赛车！不就一辆自行车嘛！"我坚决支持孩子的合理要求，花一千元给他买了一辆自行车。其实，他刚丢了一辆三千多元的"蒙酷斯"名牌自行车。

期末放假了，学生们提前一天回来了。开家长会，张阔陪着我一块儿去了学校。"老爸，你还记得我给你讲的喜欢一个女生的事吗？"张阔看了看我的脸色，试探着说。"记得有这一回事，怎么了，儿子，是不是还念念不忘？"我平静地对儿子说。"嘿嘿！"张阔缓了一下情绪，见我的反应很冷静，接着说："前一段时间我向她表白了！""嗯？你有恁大勇气？"我故作惊讶。"真的，我真的向她表白了！"有这一次期末考试成绩的底气，张阔又见我确实反应平淡，敞开心扉了。"你怎么表白的？好意思？"我清楚哪个少女不怀春，哪个少年不钟情，古往今来，世世代代的人演绎着这样的人间悲欢，我的孩子概莫能外！"真的不好意思！我给好朋友金子葳说了。金子葳自告奋勇地替我传话去了！""呵呵！"我想起来我们上中学时男女生之间互生情愫之后，让人传字条的事。互联网时代，手机沟通这么方便了，信使红娘依然存在。这说明在男女情感的传递方面，技术的影响很有限。"金子葳怎么说的？"我故意逗儿子。

"他给那个女孩说，张阔喜欢你！"张阔自豪地说。"结果呢？"我问。

"那个女孩说，她高中不谈恋爱！"张阔有点惭愧地回答。"这个女孩真了不起！"我竖着大拇指说。"金子葳觉得她听错了，还补充说是阔哥喜欢你，我们全年级的第一、老大喜欢你！"张阔为了挽回面子，补充说。"唉！这更说明这个女孩的睿智。她知道什么时候该干什么事。高中不让谈恋爱，你又不是不知道这些校规！"我安慰儿子说。"唉！"张阔长出了一口气，闷着头走了一段路悠悠地说："那几天，我心里难受得，感觉天空都是灰的，空气都是凝固的。心里乱得什么也干不下去！""呵呵！"我这个时候说什么都不方便，就是陪着儿子走路。因为，从心理学讲，他现在需要的不是安慰，而是倾诉。"两天过去了，我发现大家都是该学习学习，该吃饭吃饭。鸟儿仍在天空飞，老师仍在课堂上讲题。我心里难受有什么用呢？""是呀！你心里难受有什么用呢？"我也反问。"没有用。那个女生也不知道。""她知道了，又有什么用呢？"我逗孩子。"嗯！"张阔没有就假设性的问题跟我纠缠下去，而是仰仰脸说："我要发奋学习，考上北大。那时，学校会请我给全校的师生演讲。我要当着几千人的面，向这个女生说出'我爱你'。""行呀！我支持你，孩子。前提是你得先考上北大！""放心吧！我会尽全力的。"张阔咬了咬牙。这时，公交车来了，我俩上了公交。

王继夫老师从教三十余年，已经非常有经验了。他将班里学生高中以来的成绩做一个函数曲线，清楚地显示出了每一个孩子的学习状态、成长轨迹。"七中的学生在全省排名有点落后，参加五大科联考的成绩突出的也少。什么原因呢？孩子学习的自律性差。有人说，七中是郑州市的小三甲，学生的自律性怎会差呢？外国语不禁止学生带手机。老师放心，因为学生不会用手机玩游戏。即使看到有学生戴耳机在听歌。他们认为学生是在放松，缓解一下紧张的情绪。这是他们一届一届学生带出来的自信。七中为什么规定不让学生带手机？对孩子的自律性没有信心。这需要家长多做工作，尤其是那些偏科的孩子。我们班有一个学生，高一成绩非常好，曾经考过全年级第一。高二下滑非常厉害，在班里吊尾。这个现象不值得家长警惕吗……"

王继夫老师有个特点，说话激动时习惯将眼镜摘下来，一会儿情绪平稳时再戴上去，一直如此反复。"我们班的张阔就不一样了。高一的时候成绩就是第一、第二。考得最差的时候也没有出过全年级前十名。期末考试前，我对张阔说：'张阔，你的底子那么好，经常考第二名。这一次能不能来一个第一名，将第二名甩得远远的？让老师觉得你的学习能力发挥出来了。'张阔很谦虚地说：'尽力！'成绩出来了，682分，比第二名高出41分，在整个郑州市排在第28名。因此，我们学校认为这个孩子层次比较高，有冲北大、清华的可能……"为了表达自己的意思，王继夫老师专门举了一个张阔的例子，"有一次张阔问我一道数学题，为什么能用这个公式，不能用那个公式。我让他试一试。没有想到他果真解出来了。看得出来这个孩子不是死学习，而是善于思考。高中生都住校，回到家里之后本来应当和家长好好地沟通一下，交流一下学习情况，总结一下学习心得，勾画出个人的未来。但是，很多家长没有跟孩子沟通的能力或者耐心。除了问学习成绩，很少跟孩子交流了。其实，高中生处在青春期，正是思想最敏感复杂的时候，十分需要家长的疏导。还以张阔为例。有一天，张阔借我的手机，说自己心理出问题了，要给他爸爸打个电话。二十分钟后手机还给我了。我问张阔，怎么样了。他说，没事了。真的吗？大多时间我是不相信的。因为，青春期的孩子喜欢和父母沟通的很少，别说让父母解决自己的心理问题了。'真的！'张阔回答得很坦率，也很认真。从他那云开雾散的表情中，我相信他的心理问题真的被他爸爸解决了。"

王继夫老师说起张阔的这件事时，我脑子里高速思考是哪一次。悄悄地，我通过手机通话记录查一下时间，想起来是张阔在期末考试前两个星期给我打过一次电话，说他心理崩溃了。"张阔，你是心理崩溃了，你是该挨打了！"我清楚，心理学或者正面教育不是只哄，很多时候需要恩威并施。每一个人在脆弱的时候需要寻找心理安慰时，他想的答案，未必是他需要的答案。"张阔，现在学的知识是十八世纪初开普勒、莱布尼茨与牛顿搞出来的。那时候，为了计算金星的轨迹，他们弄清楚椭圆的公式。三百年过去了，人类已经进入智能时代。你们坐在空调屋内，用着平板电脑学这些老掉牙的知识，还有这样那样的压力，对得起这个时代吗？""噢！我明白了！"尽管是在电话中，张阔也能感受到我的情绪，陷入沉思中。"阔阔，我们背诗词时慷慨陈词：'虽千万人，吾往矣！''夫战，勇气也！'我们学习时，为何遇到一点稍微需要深度思考的问题，就会感觉泰山压顶？如果将来让你领几万人的军队，让你掌握几百亿的科研项目，是不是更压力山大……""好！老爸，我明白了，我心里有数了。再见！"张阔听完后，很礼貌地将电话挂了。

因为书院的事多，这是我第一次见王继夫老师，怕一会儿他让我上台给家长们讲授家庭教育的经验，正不知所措时，张阔在门口向我招手。

"什么事？"我以为是王老师让张阔给我传话，给全班的家长讲几句呢。

"嗨！老爸，我让你看一看，我喜欢的那个女生长什么样。"张阔故作神秘地说。"嗯？还有这事？"这个确实让我有点意外。"老爸，你看一看有什么？看一下我的审美有问题不？"张阔绕个弯说。我脑子高速运转，想以下的行动会给孩子带来什么影响——去看，等于支持孩子；不去，又怕打击孩子。我想起来的路上，张阔说，托金子葳向这个孩子表白，她没有答应的事。"学习是一项长期的心理活动。每一个人学业的失败基本上都是心理的失败！"这是我一贯坚持的学习理论，就故作轻松地给儿子说："我看一看你这个学钢琴出身的孩子到底是什么样的眼光！""嗯！还是我老爸开明、民主。要是我妈来，说什么我也不敢给她提这个事。"张阔说着领着我下楼。"她是在文科班。今天，她们班上也开家长会，而且是在阶梯教室开的！"张阔已经将一切打探清楚了，就等我呢！

　　哪知道，王继夫老师的家长会结束好一会儿了，这个女生的家长会仍在开。"嗯？老爸，我去看一看什么情况，怎么还不结束了？"张阔见我等得无趣了，跑阶梯教室的后门观察去了。一个小时已经过去，天又冷。我徘徊到校园的走廊，看学校公布的学生成绩。转了一圈，仍没有结束，我又回到阶梯教室的门口。"他们让前十名的学生家长，每一个都上台发言！"张阔怕我着急，解释说。"嗯！没事。艺术的本质就是耐心，无穷无尽的耐心。"我调侃儿子说。"嘿！"张阔傻笑了一下，接着又打探消息去了！

　　大冬天，我站在七中校园里整整一个半小时，阶梯教室的门终于开了。有学生、家长鱼贯而出！我正发愁呢，张阔过来问："你看见了吗？""我不认识，怎么算是看见了呢？""那个，在走廊上的、正要回班的那个。"

张阔指着说。"噢！"顺着张阔的手指，我看到一个高挑的女孩子的侧面。"嗯？我看见了侧面！""咱俩站在这儿等吧！她是回教室了，一会儿还会从这儿过来回寝室拿东西呢！"张阔有些不甘心。"嗯！"我了解张阔干什么事都要有一个结果的脾气，就站在走廊等。期末放假，大家都匆忙回家呢，校园、走廊川流不息。没有多大一会儿，走廊里已经没有几个人了。"嗯？怎么不返回了？"张阔不甘，一路小跑地去那个女生的教室看，空空如也！"老爸，她回寝室拿东西去了。咱俩在女生寝室门口等她，一定要让你看仔细。"张阔真的是不甘心。"嗯！"我苦笑了一下，觉得有点不合适。"老爸，没有别的意思。我主要是想让你看看儿子的眼光怎么样！"张阔不好意思地解释说。"好！为了让儿子考上北大，刀山火海也闯一下！"我装着鼓起极大的勇气的样子。"还是作家老爸的思想境界不一样！"张阔说完，拉着我往女生寝室门口跑。

期末放假，许多家长都开着私家车来的。保安在指挥着几百辆车如何有序地出校园。学生和家长抱着被褥，拿着书包，拎着衣服……整个校园像溃败的战场，人们向学校门口拥去。我和张阔逆行到女生寝室门口，看着行色匆匆的学生家长，感觉自己的行为有点不好意思或者不可思议。张阔也感知到我的情绪变化，站了两分钟说："不该你见，老爸，咱们走吧！""好！"我如释重负，随儿子去校园门口，走到大门口的甬路上，张阔突然激动地大声说："你回家了？""是！张阔同学！"在他俩看似平静的对话中，我明白了这个女生就是张阔喜欢的女孩子。

第十四章　理想是靠达成一个一个小目标实现的

耐心是最大的艺术。

许多家长开始让孩子学钢琴时信心满满，买钢琴、找名师，不培养出来一个莫扎特也得培养出另一个郎朗来。三个月的热度过后，孩子开始有点磨磨蹭蹭，家长恐吓威逼加钢琴老师急于求成地教孩子一个小曲子。弹了一年，开始用钢琴考级来要挟孩子，不到十级不行。两三年进步不大后，孩子意愿不再强烈，家长也陪烦了，先是疑惑孩子走钢琴这条路对不对，再想学钢琴的意义，尤其是自己没有接送的耐心后问孩子"还想学不"，大部分孩子都会说："我成不了钢琴演奏家，也没有多大意思。"这时，家长就坡下驴地说："这是你不愿意学的呀！将来别怪我不让你坚持。"其实，学习是一个长期积累的过程，不仅考验孩子的持久性，更考验家长的耐性。

我家住在六楼，张阔每天中午、晚上弹钢琴，刚一开始，就能听见七楼的邻居啪啪啪地关窗户。不仅是邻居，包括我与妻子中午吃过饭想午睡一会儿都难！现在的孩子，营养充足精力旺盛，不午休，要练琴。张阔在客厅里练琴，我们在卧室里休息。小孩子练琴，那个噼里啪啦，根本休息不成。但是，作为家长不可能告诉孩子："不要练了。"日复一日，我和妻子强咬着牙忍耐着，一直到两三年后孩子从敲琴到弹琴，这种折磨才稍稍缓解。

"张阔进步很大哟！以前，听到他弹钢琴，我儿子都叫着吵得慌，要求关窗户。现在，张阔弹得流畅多了！"七楼的邻居见我说。"哪天，请您老公喝酒。我儿子学钢琴不少打扰您！""最困难的时期已经过去了。从今年开始，我儿子不但不关窗了，有时他还能专心地听一会儿张阔弹的曲子。"七楼的邻居打趣说。"多谢。培养一个学钢琴的孩子不仅需要父母的努力，还得邻居的包容！"

张阔是以钢琴特长生招进郑州七中的。但是，郑州七中只有一个管弦乐团，用不上钢琴。乐团的尹老师就找我商量，能不能让张阔再学一种乐器。"学什么乐器？"我有些吃惊。"学巴松吧！我们乐团里缺少吹巴松的！""巴松？"我对这种乐器不了解。"巴松，俗称大管。这种乐器体型比较大，对学习者的肺活量要求也高，很少有孩子学这种乐器。""张阔适合学不？"我有些担心。"这孩子个头高，气质也好，最主要是他的乐感好。有钢琴这么好的基本功，学一个暑假就能在乐团担任巴松手了！"尹老师是真的喜欢张阔，极力推荐。"学巴松还有一个好处！全国学巴松的少，以张阔的音乐天分，学巴松很快就能脱颖而出。我们乐团和中央音乐学院、上海音乐学院、清华大学的乐团都有交流！将来张阔以巴松考进这些学校，比钢琴容易呀！"尹老师非常擅长做思想工作，很快说服了我和妻子，掏两万元买了一个巴松，又通过朋友引荐河南乐团的张健中老师，让儿子学了巴松。

七中离我们家很近，骑车十分钟不到。张阔中午回家，先弹半个小时钢琴，吃午饭。饭后，休息二十分钟，去学校上学。下午，自习课尽量将作业写完，放学后，回到家里弹一个小时钢琴，吃饭。饭后，吹半个小时巴松。八点，如果作业在学校里没有完成，继续写作业。如果完成，可以看小说，什么《斗罗大陆》《盗墓笔记》……想看什么就看什么。只要是书，想买什么就买什么。周六跟着吴娜老师学钢琴，纠正老曲子不正确的地方，学习新曲子。周日跟着张健中老师学巴松。周日晚上，参加七中乐团的排练……初中三年的一千多天，张阔的学习基本上是按照这个时间表进行的。

兴趣与爱好的衡量尺度是时间。三个月是兴趣，三年是爱好，三十年就变成个人素养了。家长的妥协与现实主义让太多孩子的兴趣没有变成爱好，或者即使变成爱好，渐渐地随着时间的流逝又退化成兴趣了，兴趣随着瓶颈的问题就变成死拖了，最后放弃后变成学过。

"这样不行！孩子没有艺术激情了，进步太慢！"吴娜有一天给我打电话交流张阔学琴的情况时说。"不考中央音乐学院附中了，这孩子的劲儿是不是松了下来，弹琴没有以前投入了！"有时候，我也能感知到他琴声的感染力。"是，不能让他松懈，得上劲儿！"吴娜从教多年，了解孩子的心理。"怎么上劲儿？"人是环境的产物，离开那个紧张的氛围，松懈是很正常的。"参加钢琴比赛，让他紧张起来。"吴娜以通知的口吻告诉我，让张阔报名河南省电视钢琴大赛。"这种比赛有意思吗？"张阔问我。"这种赛事有意思吗？"我问吴娜。"管它有意思没有意思，我们的目的是督促孩子练琴，顺便增加一些舞台经验！"吴娜说话在张阔心中还是有分量的。张阔乖乖地去比赛了，顺利拿了一个金奖回来了。

"《克罗地亚狂想曲》是节奏与旋律，《命运交响曲》是情绪与感染力，《月光曲》才是细腻的表现力！"吴娜对张阔的要求越来越严。"拿个奖是不是有点飘了？这些奖什么也不是，就是练手呢！"严师出高徒，吴娜训起张阔，不顾虑他是同学的孩子。"练这几首曲子，考级，直接考十级！""以前，我一级也没有考过！"张阔有些疑虑。"哪个人规定的没有考过级的不能直接考十级？"吴娜问张阔。"这些曲子？"由于给张阔设想的钢琴路线是走专业，所以他没有像其他学钢琴的学生按照考级的曲子来弹。虽然考级的曲子从难度、专业性与表现力上与他平时弹的曲子相差不大，毕竟是新曲子，张阔有些不知所措。"艺术就是过槛，一道一道地过槛。练这些曲子，一次给我考过十级。"吴娜的命令一下来，他的弹琴状态立即恢复到考中央音乐学院附中的阶段——一坐两三个小时，一遍一遍地和自己较劲……

"我前面的那个女孩开始弹得挺好的，弹着弹着她感觉到自己弹错音了，想纠正。评委看了她一眼。她后面弹得越来越乱了！"从考场出来，张阔给我们讲在考场上的经历。"要的就是你一次次参加活动的心路历程。别说你们了，没有哪一场演出没有错音的。没有哪一个钢琴大师不出错。关键是看你的临场发挥。如何在出错的时候保持镇静！"吴娜专家级的指导，让张阔一次就顺顺利利拿下了钢琴十级。

我在台州工作期间，由于交通不方便，妻子和儿子没有去过。2015年夏天，妻子提出来去台州看一看。"行呀！你们坐飞机到杭州，我们在那儿会合。游了杭州的西湖，再来台州！"杭州距台州不远，我见到张阔时，他模仿我，出门带着自己经常看的《福尔摩斯全集》，有空的时候看。"儿子，每一个男子汉都有一个江湖梦。我在你这个年纪最喜欢看的是武侠小说。"我知道儿子从小看《福尔摩斯全集》，不止看过两遍了。"买来看看呗！"儿子什么时候给人的感觉都是不温不火的。"好，你先看两本试试，觉得有意思了，我给你多买点。"网上购书很方便。《射雕英雄传》与《神雕侠侣》张阔两天看完后，觉得挺有意思的。"那好，这个假期你就突击一下，将中国的武侠小说扫荡一遍吧！"我又从网上将古龙、梁羽生、温瑞安的武侠小说给他挑了二十余套，让他恶补一下江湖是什么样的。

张阔的最大特点是不温不火。在台州玩了五六天，临海古城、戚继光抗倭遗址、紫阳街、括苍山……没有觉得不好，也没有觉得新奇。妻子见我工作忙得不可开交，提出来回郑州，和张阔商量。"回就回呗！该吃的都吃过了，该看的也看了！"儿子的回答让喜欢旅游的妻子一下子泄气了……到郑州下飞机是四点。从机场坐地铁到郑州紫荆山站是五点。钻出地铁，张阔说："妈，你先回去吧！我去琴行再练一会儿钢琴！""儿子，人劳马疲地奔波一天了，你不累吗？"妻子吃惊地看着张阔。"坐飞机会有多累！即使有点累，我坐下来弹一会儿琴就不会感觉累了！"张阔真的和妈妈挥一挥手，径直去琴行弹钢琴去了！

"任何艺术，只有达到愉悦的程度才算渐入佳境！"吴娜听说张阔从台州回来后马不停蹄去琴行弹琴的事，长出了一口气。"弹琴，能让我忘记很多烦恼，释放很多压力！"张阔发自内心地说。"光释放不行，还得积累心理经验，参加比赛。"吴娜说完，给张阔报了第9届新加坡中新国际音乐比赛中国赛区选拔赛。"参赛呀！"张阔感觉到了压力。"没有压力，哪来的动力？没有压力，怎么会一丝不苟地练曲子？"在吴娜的精心指导下，张阔取得中国赛区开放作品组特等奖。雄心勃勃的张阔翘首以盼要去新加坡参加总决赛时，吴娜又叫停了。"我清楚这些比赛是怎么回事——商业行为。新加坡不用去了，太费钱。在家练琴吧，备战下一届，练到去新加坡十拿九稳地得总冠军时再去。那时，才能将机票钱赚回来！"吴娜作为海外派钢琴家，对任何问题都一针见血。2016年第10届新加坡中新国际音乐比赛，张阔再次获得中国赛区选拔赛特等奖。"这一次，我可以去新加坡了吧！"张阔感叹。

"我让你参加中新赛事的主要目的是为了积累舞台经验。要想拿奖，就拿顶级赛事的大奖——KAWAI亚洲钢琴大赛奖！"吴娜对于各种钢琴赛事了如指掌，自然对参赛的曲子也是精雕细琢！"如果这次拿不到名次，是不是很丢人？"这是张阔人生第一次参加如此隆重的钢琴大赛，像小兔子刚出洞一样，满脸的疑惑与不自信。"成绩是拼出来的。只有面对如林强手时才知道自己在这个时代处在什么位置。同时，一个学钢琴的如果没有大舞台，永远成不了钢琴家。如果一个人只有理想，没有目标，这种理想不是灯塔，而是漂浮的冰岛，容易消失。"师者，不仅有授业的能力，还要有解惑的智慧与传道的精神。吴娜的谆谆教导对张阔确实有用，很快使其进入顶级备战状态。

心理素质是一项重要的综合能力，不仅考验着一个人的技术实力，也考验一个人的天生格局。河南大学邀请伦敦交响乐团的首席钢琴师简·海耶来郑州艺术中心演出时，吴娜问妻子让儿子学习不，"不走专业道路了，还跟着她学吗？"妻子有些疑惑，另外有点担心学费问题。让儿子见识一下什么是国家级的大师、什么是国际大师，这么多钱都花了，不在乎这三五千了。我拍板支持。虽然张阔只由简·海耶指导了两个小时，但是他第一次体验到了西方音乐家的感染力、纯粹性与音乐表现的丰富性，兴奋了好几天。

有时候，人是一夜间长大的。

2017 年 5 月 20 日，第三届"茅台王子杯"钢琴大赛在河南举行时，张阔作为第五届 KAWAI 亚洲钢琴大赛河南赛区特别金奖获得者与第二届"茅台王子杯"河南区冠军，以特邀嘉宾的身份出席了开幕仪式。那天，十五岁的张阔身穿燕尾服，泰然自若地上台为大家演奏了一曲。评委席上坐着河南省音乐界的大咖，交头接耳了一会儿，宣布张阔直接进入了全国总决赛。

我和妻子都在台下坐着。一曲终了，张阔信步下台，向我和妻子招一招手，要求离场。妻子没有参加过这么大阵仗的钢琴赛事，想留下来看一看。"走吧！我刚从舞台上下来。你们不走，我怎么办？你们没有看见前排没有给我这个特邀嘉宾留位子？"张阔表情有点愠怒地说。"走！"我向妻子使了个眼色。张阔领着我们，大步流星地离开了现场。

一路上，从儿子那凝重的神情与自信的步伐中，我发现儿子长大了。

第十五章　青春期适度的叛逆是对情绪的自我修复

"不怕同学是学霸，就怕学霸过暑假！"

从儿子张阔上学以来，假期我对他的要求是：一、不能睡懒觉。二、制订自己的学习计划。三、围绕自己的兴趣学习。其实，不仅是假期，星期天我也不允许张阔睡懒觉。我五点半起床，张阔不能拖到六点。过了六点半，他就得感觉到羞愧。"孩子，人的生物钟决定着只要你周六、周日睡懒觉，周一起床就困难。如此反复，一周三天的早晨就浪费掉了。一周浪费掉六个小时，一年五十周，就浪费掉三百个小时。你们的青春很短，不经意间你浪费了两个学科的学习时间！"理性思维的最大特点不是讲道理，而是摆事实。因此，张阔从小养成的习惯是不睡懒觉，哪怕是大年初一早上，我五点半起床，他也不能拖过六点半。早上起来要么背诵英语，要么背诵语文。

为什么每一个假期我都让张阔制订自己的学习计划呢？很多家长喜欢让孩子上各种补习班。我持反对态度。我认为该多上课外班，增加孩子的兴趣。

一个孩子考 80 分和考 90 分没有多大的差别。他懂不懂音乐，幸福的指数不一样；他会不会下围棋，思考的深度不一样；他爱不爱文学，思考范围不一样；他喜不喜欢美食，生活质量不一样。美国曾对 1131 位科学家的论文、成果等进行分析调查，发现这些人才大多数是以博取胜，很少有人仅仅精通一门专业。因此，美国主张在加强基础专业学习的同时，提倡百科全书式的教育。著名的未来学家托夫勒认为，工业社会的特点是标准化，而信息社会的特点是多样化与个性化。"唯一可以确定的是，明天会使我们所有人大吃一惊。"人类已经进入智能时代了，有多少个未来可以让我们大吃一惊，天知道！因此，对于孩子来说，我认为知识的宽度决定了他未来的宽度。

2020 年春节，作为高二学生的张阔清楚时间的宝贵性，主动做了一个寒假作息时间表。

5:35 起床，6:00 背英语，7:10 吃饭，7:30 到书院。

上午：语文、英语、物理。

中午：吃饭、午休。

下午：读书，听音乐，关心国家大事，积累时政素材。

晚上：6:30 开始自习，10:10 结束。重点，数学。

为了激励自己，他在自己的作息时间表上写了几句话。

清华、北大只是过程。我要的是磨炼自己。我要的是无所畏惧，我要的是无悔青春。

知行合一，表里如一，言行一致。

真正做到了，我就什么也不怕了。我就拥有了源自内心的力量——自信。我需要时间蜕变，我需要时间绽放！她也需要！

人生就是一场面对种种困难、无休无止的斗争，一场以寡敌众的战斗。

人生来不是被打败的。——海明威

人生来就是为了战胜自己，最终重新发现自己，无所畏惧。

写好后，张阔很郑重地交给我，让我负责监督他。"别让我妈看见了呀！"张阔很诡异地给我说。"嗯！放心吧，儿子！"我看了那句"我需要时间蜕变，我需要时间绽放！她也需要！"，就明白儿子要表达的意思，也很郑重地将他的学习计划放在了文件夹内，藏在了书架最上端。

不叛逆的孩子很难有大出息，只会情绪叛逆的孩子肯定没有出息。

在张阔的成长中，我最关心的一件事是青春的叛逆。孩子叛逆有三个原因：第一，生理引起的心理变化。人进入青春期之后，激素的分泌引起心理变化。男孩子在雄性激素的作用下先是引起生理紊乱、长青春痘、情绪波动大。女孩子在雌性激素的作用下也会产生生理紊乱、长青春痘。雌性激素的另一个作用是女孩子害羞了，心里有秘密了。第二，身体快速长高，有力量后尊严意识增加了，对家长与社会的尊重要求强烈了。第三，孩子小时候认为父亲是了不起的英雄，能满足很多要求。随着视野的开阔，发现父母是泯然众人，产生情绪不满或者情绪对抗。孩子不叛逆行不行？不行！因为叛逆的本质是为情绪处理积累心理经验的。如果孩子青春期不叛逆，要么是一生压抑得逆来顺受，要么是延迟叛逆，到了成年也会叛逆，甚至到了老年也会叛逆。孩子太叛逆也不行，遇到什么事就是情绪对立，不能理性思考。遇到所有的问题都是一个态度，不行！那样，他自动和群体隔离、和亲人对立，很难融入社会了。

张阔在什么事上可以叛逆，什么事上不能叛逆？我一直拿捏一个度！凡是社会规范的事，他是不能叛逆的。个人的事，自己做主。比如每两个月，我都要求他和奶奶通个电话，证明这份亲情所在。比如暑假，母亲要求张阔回老家。"我不想回去！没有意思！"张阔两岁前在农村老家待过，这十五六年一直生活在郑州，对农村没有概念，和老家的人不熟悉，自然不愿意回去。"孩子，你得回去！什么是籍贯，就是爷爷的坟茔所在地。郑州只是你的家庭住址！将来你上大学填写籍贯漯河时不了解这个地方，不知道你是从一个叫栗门张的村庄来的，那不是贻笑大方？""好！我回去！回去一天就回来！"儿子有一个特点就是适当妥协。"孩子，一晚上不行！你是奶奶的孙子，还是奶奶孙子中最有出息的。她以你为傲。你回去之后只陪她住一晚上，你对得起奶奶天天在街坊邻居面前夸你的功劳吗？再说，在一个家庭中每一个成员不仅有权利，还有义务。作为奶奶的孙子有义务陪伴她呀！将来，你奶奶像你爷爷一样，不在了，你想陪也陪不了了！""那好吧！"儿子感觉到我语义中的分量，很克制地同意了。

老家，父母在才是老家。在郑州生活这二十年，每年春节的大年三十与初一，我都要回村子里陪父母。大年初二，从漯河到焦作陪岳父岳母。"我先声明，今天春节我不回老家了，无论是奶奶家还是外婆家。"放寒假后，张阔就事先声明。"为啥？"妻子不理解。"高二这个假期的学习任务很重。我得好好静下心来整理一下自己的学习方法。"张阔理直气壮地说。"不回去哪能行？你奶奶、外公外婆都想你哩！"妻子不同意。"想我，来这儿过春节呗！"其实，张阔知道不可能，故意这样说。"好！不回去就不回去吧，他们都知道高二了，学习紧张！""你！"妻子瞪我一眼。"唉！这个时候大家应当理解！"我知道张阔预谋这个事不是一天两天了，他提前好几天已经跟我说了。"什么事呢！大年三十晚上他要在郑州空旷的街道上独自游逛，逛到大年初一。""那有啥意思？"妻子不理解。"女人哪能知道男人的悲伤！"我揶揄了一下妻子。"龙生龙，凤生凤，老鼠生来会打洞！"妻子突然想起来我二十岁时从漯河步行到西安的事，一下子明白了。我二十岁时情绪无处发泄，就从漯河步行半个月走到西安，每到一个地方还让人给我证明一下我是步行。人到西安后，晒得像非洲人一样黑。去文友杂志社，见到周德东和诗人伊沙时，两人开玩笑说，看你风尘仆仆的脸，就清楚你真是步行来的。后来，河南有名的自媒体"豫记"撷编了我的这段经历，写成了《我要从南走到北，我还要从白走到黑》。

"让你爸陪你走吧！要不，郑州春节那么空旷的大街，你会感到孤独的！"妻子不放心孩子。"谁也不让陪，我要的就是这种孤独的感觉。"儿子坚定地说。"自己去吧！走累了回来！"女人总是对孩子操心太多，使孩子有束缚感。我摆一摆手，让孩子自己去了。我在家里看春节联欢晚会。"年三十晚上，大家都围在一起吃年夜饭呢！这孩子一个人走到空无一人的郑州大街上会是一种什么样的感觉？"妻子看着电视，心里想着儿子。"唉！俗话说，儿子大了不由爷！孩子大了，做父母的该放手就要放手！"我嘴里这样说着，脑海里是张阔一个人在郑州空旷的大街上游走的身影。妻子没有再吭声，闷头看电视。我这么多年养成的习惯，不能熬夜，大年三十一样。十点多一点，我瞌睡得不行了，春节联欢晚会也看不下去了，就独自睡了。闭上眼睛，心里还在想儿子什么时候回来。

郑州禁炮多年了，大年初一的早上和平常没有什么区别。同样，我的感觉也和平常没有什么区别。大年初一的早上，我和平常一样五点半起床、洗澡、泡茶、读书，动静稍微有点大。六点半时，张阔醒了，抬头看一看我，又看一看表。"老爸已经起来读书了，我也起来吧！"张阔说完，一骨碌起来了，洗漱完毕后，找到英语课本背诵。这时，我们住的整个小区内仍很安静，大家都是在熬年夜后进入香甜的梦乡中，或许只有我和张阔在读书，并且和这个安静的世界达成一种读书人的默契。

妻子起床时已经是近九点了。这时，我俩按照农村的传统吃过早晨的饺子了。"哎！张阔，昨天晚上你在郑州的大街上逛得怎么样？"妻子旧话重提。"挺好的呀！在郑州这么多年没有发现它这么安静的。大街上空空荡荡，一个人也没有。偶尔有一两辆面的路过，车内载的多是吃年夜饭回家的人。"张阔诗情画意地描述。"你一个人逛了三四个小时？你回来时我已经瞌睡得不想说话了！"妻子是等到张阔回来才安静睡觉的。"在黄河路上，碰巧遇见了喝醉的人。看着他跟跟跄跄的步子，怕他摔着，我问他家在哪儿。他指了指前面。我俩顺着黄河路转到南阳路，从南阳路转到火车站南小街，离他家近了，他先回去了。我一个人又走了一个多小时才回来！"张阔若无其事地说。"这个年过的。一个人在郑州的大街上从大年三十走到大年初一！"妻子感慨。"这样才有意思呀！否则，怎么对得起自己的十八岁！"张阔说得很随意，发自内心的随意。

第十六章　别让家庭矛盾干扰孩子的心情

世事难料！ 2020 年的新冠疫情，让潜伏在平常生活中的矛盾都显现出来了。

按照正常的开学时间，高二应该是过了初十就开学了。张阔接到的通知是上网课。"上网课！"妻子觉得不可思议，但是疫情面前谁也无能为力。每天坐在电脑前，语文、数学、英语、物理、化学、生物⋯⋯"太累了，比学校累多了！"张阔整天坐在电脑前，学得疲惫不堪。"那咋办呀！"妻子有时心疼儿子。"每天跑步，在小区跑十五圈！"儿子这方面特别像我，基本上能"说到做到"。虽然小区大门难出，从此却多了一个每天下午五点半跑步的少年。十几圈下来，张阔跑得大汗淋漓再上楼。

学校对孩子的学习有什么帮助？学习氛围呀！人都是环境的产物。作为高中生，大家都在努力学习时，你想不学都不容易。疫情期间，让没有自学能力的孩子的缺点暴露出来了。"妈！学得太累了，我想看一部动漫！"张阔提议。"高二了，马上高考了，哪还有时间看动漫？"妻子反问道。"让我看看呗！天天坐在电脑前，头昏脑涨的，精力不能集中。看一看动漫缓解一下紧张的神经。"张阔坚持。"什么动漫？多少集？"妻子也同情孩子，有点松动。"《进击的巨人》，五十七集！"张阔实话实说。"呀！这得看到猴年马月，得耽误多少时间？高二了，哪还能这样看动漫！"妻子火了。"一集二十分钟！我休息的时间一周都能看完！"张阔不甘心。"看吧！每天晚上看！"我打圆场说。"看看，你就纵容儿子吧！高二了还能这样！"妻子对着我吼。我赶紧把她拉到书房里说："你上班去了，我在书院。他一个人在家上网课。看不看动漫，你管得住？""管不住也得管呀！"妻子低声说。"世上的事不怕贼偷，就怕贼惦记。管不住，还不如让他光明正大地看。"我给妻子建议。"你……"妻子低吼了一声，站在那儿好一会儿，但是她又清楚我是学心理学的，轻"唉"了一声……

　　"儿子，《进击的巨人》，每晚上看几集，争取一周看完！"我出来给张阔建议。"以前，我就看过。现在出新的了，我看得非常快的！"张阔喜出望外。"那行，咱一家人看。我看是什么样的动漫还能让一个高二的学霸这么入迷！"我对儿子说。"非常好看。里面有讲欧洲史的，有讲中国史的，有讲人性残酷的，有讲意志强大的……"张阔从电脑上下载下来，用U盘接到电视上，我们一家三口每天晚上看《进击的巨人》……"作者谏山创是一个了不起的作家，他刚开始写就知道结尾了。他是用倒推法写的，逻辑特别严密！"我和张阔这么多年一直形成一个习惯，看电影电视时保持交流，甚至可以相互诘问。"这一段，我感觉像中国历史上的秦朝……"张阔时常根据自己的知识解构他所看的东西。"真正的作家一定是文理兼通的博学家。只有这样写出的作品才故事简单、意味深长……"我们这样交流着，用了四个晚上将《进击的巨人》看完了。

"看！看！我让你们看。成绩出来了，看看什么名次！"期中成绩刚出来，妻子接到七中的短信通知就吼了起来。"咋了！咋了！"我经常喜欢当和事佬。"咋了？排一百二十七名！上一学期期末还是全年级第一，全郑州第二十八名。一场疫情掉到这个份儿上！"妻子有些恼羞成怒。"是考得不好！不过，我在家考试和在学校考试一样，不对答案。错了，就如实地打叉，不自己计分。"张阔嗫嚅地说。"错了，为啥错了！是不是在家学习不自觉，不认真，不用心！"妻子发起火来说话如重机枪一样。"一次考不好，有什么值得这么大惊小怪的！"我打圆场说。"这一次特别，在家上网课就考不好，什么原因？"妻子有些不依不饶的架势。"我……"张阔也无话可说，一脸尴尬。从小到大没有因为学习成绩挨过吵，这是他人生的第一次。

"谁考第一名呀？"我想换个策略给孩子解围。"陈金良！"妻子没有好气地说。"他考第一呀！证明这次成绩的水分太大了。"陈金良来过听岳书院，我也经常听张阔说起他。他特别勤奋，课间十分钟也要利用五分钟写一道题。他把张阔当作竞争对手，经常看张阔做作业的情况。发现张阔做不出来时，一副很得意的样子；如果张阔做出来，他就赶紧回去刷题。为此，张阔经常感觉到自己被人追赶着，有一种紧迫感。和王继夫老师申请几次调换座位，离陈金良越远越好。"陈金良考第一咋了？证明有自学能力，自律性强！"妻子为了证明张阔的自制力不强，反过来说陈金良的自学能力强。

"七中前五名是一个台阶，前二十名是一个台阶！陈金良是前二十名的学生，能杀进前五名就很不容易了，直接考第一名有点匪夷所思！"我转弯抹角地劝妻子。"别用老眼光看人。高中二年级逆袭的学生多了。"一个人为了证明自己是对的，会想方设法为自己的观点寻找证据。我妻子也不例外。"疫情结束后，咱们再看陈金良的考试成绩，绝对不是全年级第一了！"我说着向张阔挤了挤眼，我俩借故到楼下，散步去了。

疫情期间的考试砸锅后，张阔也觉得自己的自律不是太强，每天早上五点半，听到我起来后不再有十分钟的贪床了，自觉起来背英语、读语文。但是，妻子的火并没有燃烧尽，一直在寻找死灰复燃的机会。"张阔，你能不能将你的臭袜子洗一洗？三天，你的房间铺一层，臭得没法进你这房间！"妻子又结结实实地抓住了张阔的把柄。疫情前，张阔每周回来，将脏衣服放在皮箱里带回来。妻子第一件事就是把他那些脏衣服放在洗衣机里洗洗，晾起来。第二天，张阔走时再穿走。疫情在家，没有这个时间段了。张阔将穿过的脏衣服堆在床边，脏袜子随手丢在地板上。五六天，十余只袜子丢了一地，脏衣服堆成一小垛！"你什么你！这么邋遢，将来上大学了怎么办？如果一直这样，结婚了媳妇也得跟你离婚！"妻子义正词严地教育儿子。"媳妇，别发火。高中生邋遢不是他们这一代。我们上高中时也是一样！"我给儿子解围。"你惯着儿子吧！他十六七岁了，马上成年了，还这么邋遢，你还护着他。"妻子的矛头立即指向了我。"你是女人，哪了解男性！"我笑着对妻子说。

"张阔，自己的臭袜子自己洗洗去！"妻子向儿子下命令。"丢在洗衣机里洗一洗呗！"儿子也知道理亏，对妻子建议说。"臭袜子放洗衣机里，和衣服泡在一起容易染上病菌！自己手洗！"妻子语气很重地说。"我不会洗！"张阔也生硬地说。"好了，我来洗！"说完，我将张阔丢在房间地板上的袜子都收集起来，放在洗衣盆里，倒上洗衣液洗了起来。"好呀！你惯着儿子吧！将来上大学了，我看这些臭袜子怎么处理。"妻子见我和儿子沆瀣一气，气呼呼地出去了。

"夫人，张阔现在什么事是第一位？"洗完儿子的袜子，妻子没有回来，我下楼见她在小区的长椅子上坐着生闷气，劝她说。"学习呀！"妻子仍气哼哼地。"学习需要什么？"我又问妻子。"需要一个好心情呀！""对喽！因为几只臭袜子的事你和儿子吵一架，少则他两个小时无法学习，多则两天，值得吗？""你现在不让他洗，将来上大学了你也跟着他洗臭袜子吗？"妻子仍不服。"蓬生麻中，不扶自直。上大学了，儿子也不会把臭袜子叼在嘴里！"我和妻子开了一个黑色的幽默，算是将这一页轻轻地翻了过去。

中国的家庭矛盾多是因为一些鸡毛蒜皮的小事。我们家也是一样，并且是一旦争执开始，就有一种没完没了的架势，直到把和谐的家庭氛围给破坏掉。疫情期间的一天早上，我照常五点半起床，洗澡，泡茶，读书。七点半做饭时，我将过春节时从岳母家带回来的肉丸子，配着蒜苗与菠菜烩了一份早餐。八点过后，妻子看到我做的饭，大火："肉丸子放这么长时间了，能吃吗？""为什么不能吃！这些肉丸子一直在冰箱里放着哩！""没有在冰箱里冻着，放半个月了那还能吃？"妻子越说，火越大。"怎么不能吃？大冬天是坏不了东西的。再则，我们老家一直有一个传统是过了油的东西根本就不可能坏！"我一肚子委屈，她早上几乎没有早起过，我做好早饭了她还横挑鼻子竖挑眼的。"老家，老家，你在城里生活这么多年了，骨子里怎么还是一个农民？"妻子气急败坏地说。"你……"我本想发火，和她大吵一架。看一看儿子那一脸窘态，我硬生生地忍了下去，摔门进书房了！

男人的理性在于对情绪的控制。隐忍到下午，妻子见儿子到楼下跑步去了，又找到我不拖地的毛病，和我吵了一阵子。半个小时过去了，我感觉到儿子跑步应该结束了，整理了一下自己的情绪，不再反击了，走到窗台前看儿子是不是还在小区跑。五分钟，十分钟，十五分钟……没有见到儿子的身影，也没有见到儿子上来。这么冷的天跑一身汗不上来，该感冒了。再则，疫情期间，澡堂不开门，饭店不开门，想找个地方暖和一下都不可能。我一紧张，剜了妻子一眼，开门下楼了。"你干啥去？没理了吧！"妻子以胜者的姿态讥讽我。"干啥去？找儿子去！"我摔门下去了，刚到楼下，见到儿子非常落寞地坐在楼下的椅子上，一脸的沮丧，脸上的汗早已经干了，只有衣服的汗渍呈现出暗红色。"儿子，怎么不上去洗个澡，换个衣服？"我换个心情对儿子说。"听见你俩吵架，我上去干什么！自找没趣嘛！"张阔黯然伤神地说。"唉！你妈呀！"我清楚有些事不能对儿子说，只能叹了一口气，苦笑了一下。

张阔看了看我，又回到了小学时期的那种拘束神态，双手放在膝盖上，耷拉着脑袋，一副无精打采的样子。我想起来张阔在六岁时，我跟妻子吵架，摔门出去时说再也不回来，儿子就是这个神情，心里一下子难受起来。那时，我曾经暗自发狠地说过，坚决不能让儿子知道夫妻吵架的事。没有想到的是十余年后又爆发了。"儿子，上去洗个澡，换个厚衣服吧！"我摸了一下儿子流过汗又晾干的头发，触手冰凉。"再待一会儿，让我妈消消气。"儿子悲戚地说。

我将身上的棉衣脱下来，要披在儿子身上。张阔不同意。"我上去再穿一件。手机给你，点份麦当劳安慰一下你那受伤的小心灵吧！"我强装笑颜地给儿子开了一个玩笑。张阔毕竟是一个孩子，接过手机点份一个外卖。

儿子是拿着外卖上的楼。妻子见到张阔手里的外卖，问多少钱。"六十多呀！"张阔一脸无辜地说。"六十多！够一家人吃两天。疫情这个样，不知道会拖到什么时候！"妻子又找到借题发挥的理由，开始燃烧她剩下的卡路里了。"你呀！"我狠狠地剜了她一下，拉着拽着她下楼了。"你是干什么，你是干什么？"妻子不服地说。"你是在乎外卖这几十块钱吗？"我低吼着。"我不是在乎这几十块钱，而是他养成的坏毛病！"妻子用教训的口吻说。"刚才，咱俩吵时，儿子上楼后听见又下来了。我好不容易哄上去了。你没事又找什么事？"我严肃地对她说。"他刚才上去了？"妻子也感到意外。"刚才上去了不愿意进家，才又下来了。没见我将自己的棉袄脱给他了嘛！"

"噢！"妻子意识到问题的严重性，没有再反击。"有什么不满意冲我来，儿子这时候情绪不能受影响。如果实在是跟我俩过够了，也得等到儿子高考之后再闹离婚。"我一竿子插到底，妻子一下子蔫了。"我只是感觉他网上考试不应该这么砸锅！"妻子将埋藏在内心深处的怨气抛了出来。"过去了的已经过去了，能改变吗？两眼要向前看。"我安慰她说。"过去的已经过去了，不能改变了，才想着让他在未来有所改变。"妻子一直反应敏捷。

"能改变未来的不是情绪，而是智慧，理性思考找到方法的智慧。"我对情绪的驾驭一直比妻子强，自然也有说服力。

第十七章　父亲是孩子最重要的精神源泉

　　2020年5月6日，张阔接到通知，返校上课。这是他自从上幼儿园之后，在家待过的最长的时间，四个月，一百二十多天！由于这一学期所剩的时间已经不多了，入校一周后高二立即举行了期中考试，张阔又以682分的成绩夺回了全年级第一，让妻子长长出了一口气。"学习是一项长期的心理活动。孩子在高中二年级时只要性格不产生巨变，情绪波动在适度的范围内，成绩基本上会稳步向前！"我将积蓄多日的烦闷趁着这个机会给妻子说了出来。"高考成绩出来了，才是真的靴子落地了！"妻子一直担心儿子的成绩。"是呀！唯一能确定的就是，明天会让你大吃一惊！"尽管长出了一口气，我仍感知到妻子隐隐的担心。这，恰恰是一个母亲的伟大！

　　遵守学校的规定，张阔在学校不带手机，偶尔借别人的手机给我打电话。"老爸，我的美术老师想见一见你！"张阔在电话中用征求的口吻说。"美术老师怎么会想见我？"我确实感觉到意外。"昨天下午，我们的美术老师陈晓燕老师在阶梯教室招募十个学生，围着她面无表情地盯上十分钟。我也参加了，感觉没什么意思就离开了。有两三个学生情绪反应很强烈！""嗯！老师在模仿意大利的心理学家做心理实验！"我给儿子解释说。"问题是，从下午到晚上九点多了，晚自习我过去见他们还在实验。我觉得过分了，直接给陈老师说：'我们高二学习这么紧张，你耗费这么长时间做一个这样的心理活动，得不偿失呀！'陈老师说：'这几个学生收获很大哟！有两个学生就泪流满面，情绪激动！'这几个学生的学习情况我大致了解，他们是因为压力大、挫折感，产生了应激性的心理投射，才照出自己内心脆弱的一面！她问我怎么知道的。我说是跟我爸学的，于是她想见一见你！"张阔在电话中简明扼要地说。

如约而至。陈晓燕老师来书院后，第一次见面比预想的还要精彩。"我本科是河南师范大学美术系毕业，研究生是中央美院毕业。张阔把大致情况给你说了吧？我在学校做了一场心理学实验，张阔有不同的看法。聊着聊着，我发现他对爸爸特别的崇拜，所以来找你聊一聊。"陈老师直接坦率。"呵呵！张阔这孩子比较难教！从小学钢琴，思维的逻辑性比较强。分析思维，因为爱好数学得到老师们很好的培养。直觉思维，也因为他读书多、爱好广泛时常冒出种种匪夷所思的想法。但是，这孩子有个毛病，过于坦率有时会让人产生不舒服的感觉！"我先向陈老师检讨。"挺好，挺好！这孩子的综合素质比较高，成绩也好。老师们都比较喜欢他！"陈老师谦和地说。"多谢陈老师的抬爱。你怎么从美术转向心理学了呢？"我有些疑惑。"本科我学的是美术教育，参加工作后对孩子的心理了解得越多，越觉得心理学有意思，就越来越感兴趣了！""有缘了。二十年前，我在《东方艺术》当过编辑，写过一些美术评论。虽然我不会画画，但经常练一练毛笔字，体悟一下线条的意味！"

任何谈话，如果找不到一个共同点很难激发出火花。

"我的绘画功底有限，主要是研究现代艺术，尤其是国内现代艺术大家徐冰的作品，我非常推崇。艺术都是人的镜像，扩展到心理学上，对荣格的《寻找灵魂的现代人》特别的喜欢。"陈晓燕老师是一个坦率的人。

"荣格作为一个心理学家，我印象最深的不是他的心理学成就，而是他的一句话——文化的最终结果是人格。荣格童年因家庭氛围不好，性格比较孤僻，爱幻想、梦游。十二岁那年一个初夏的中午，他被一个男孩推倒，此后数月内荣格经常陷入昏厥的状态。父母四处寻医也不得治愈，在家休学。后来听说父母要让他当教士后，担心自己的前途又回到了学校。学医的荣格对宗教学特别感兴趣，在弗洛伊德的指导下写出了《心理分析论》及《心理类型》，又因为融入了太多的超自然现象与弗洛伊德分道扬镳。"

疫情的原因，我又将家里的二百多本心理学书重新扫荡了一遍，想写一本《懒惰心理学》，给陈老师说的荣格，是刚看过的。

"您对心理学家们这么了解！"陈老师有些惊叹。

"是呀！我读书一直喜欢追根溯源，会从一个心理学家的成就入手，研究他成就背后的个人经历因素。荣格这个人之所以神神道道的，是从诺斯替教派作家的作品和炼金术中汲取了太多的东西，以至于他的作品大家看不懂，也不敢评价！"我系统地读过心理学史的有关作品，他的皇皇巨著《红书》，我仍旧看不明白。

"这恰恰是他的可贵之处与巨大贡献。任何一种艺术都是独一无二的，主要是看每一个人从中吸收了什么。"陈晓燕老师说。

"虽然感觉是抽象的，但艺术是讲规则的。"

"什么规则？"

"技术的规则与审美的层次。现在艺术最大的毛病是基本功不行了，就是胡来。把一个马桶放在展厅，说是艺术。把人嘴用几十根钢针穿得鲜血淋漓的，也说是艺术！"以前，编《东方艺术》杂志时，和各式各样的有奇思怪想的人打交道，偶尔觉得他们的想法新奇外，大多数时间我觉得和艺术就不搭边。

"艺术是没有标准的！"陈老师坚持自己的观点。

"艺术是有门槛的！"我辩驳说，"艺术不在于什么形式，而在于每一个人的发现。"

"艺术的最大价值是，超越物质性对人尊严的维护。比如，一个艺术大师用十两黄金打造一只栩栩如生的小鸟，别人用一百两黄金也不换！它的价值不仅是金子多少的问题，而是给这只黄金小鸟注入了活灵活现的精神性。这个艺术大师再一次打造，也未必做出同样的东西。"我辩论时也经常喜欢脑洞大开。

"打造一只不像鸟的金鸟就不是艺术品了吗？"陈老师反驳。

"谁都能打造的金鸟就不是艺术品了，所以才有'技不如道，不足论也'的俗语。高超的技艺是门槛，独一无二的是艺术。"我俩就艺术标准谈论了好久，让在放学回来在一旁听我们谈话的张阔再一次领略了我和人辩论时的风采。

其实，2019年创办听岳书院以来，郑州七中的家长来过好几个，大家一直交流家庭教育。张阔的同学金子葳来，纯粹是受张阔的鼓动。"我爸读了很多书，也出版了十余部书。你见了我爸，你读的那点书可以忽略不计！"金子葳常常喜欢才子状的故装风雅、指点江山。张阔和他关系好，也喜欢经常打击他。"让我见见你爸呗！"金子葳提议。"见见就见见吧！"张阔给我打过招呼之后不久，金子葳就来书院了。

我对金子葳的最大印象是他知道哈扎尔民族。哈扎尔民族是中世纪南俄草原上的一个曾经很强大的民族。我们称其为"可萨人"。和草原上的匈奴、蒙古族一样，信奉萨满教。七世纪中期以后，他们逐渐摆脱西突厥帝国的统治，通过一系列的对外扩张发展成为一个庞大的帝国，就是曾经在中亚雄踞一方的南联盟的前身。由于特殊的地理位置，哈扎尔帝国是一个多民族、多宗教、多种信仰并存的国家。他们采取宗教宽容政策，犹太教、基督教、伊斯兰教及其他的宗教信仰都在帝国内部长期并存。一个高中生能了解到哈扎尔民族，足见其知识的广度。我是在一部小说中了解哈扎尔民族的。被称为"作家中的作家"的塞尔维亚作家米洛拉德·帕维奇的《哈扎尔辞典》描述了哈扎尔这个民族在中世纪突然从世界上消失的谜——借宗教信仰深入研究民族矛盾造成的国家灾难。该书融世界三大宗教史料传说于一身，创辞典小说之先河，作者完全打破了小说的固有界限，把史诗和传说融在了一股魔鬼气质之中，被誉为"二十一世纪第一部小说"。最让人称奇的是，在南联盟没有解体之前，帕维奇就意识到了南联盟民族信仰的危机，根据三大宗教在哈扎尔争取信众的历史，描写哈扎尔人放弃本民族"捕梦者宗教"，改信其他宗教引发的民族冲突和必然解体的结果。或许是太深刻了，《哈扎尔辞典》在世界上出版了 46 种语言版本，独在祖国塞尔维亚不能出版。 帕维奇不仅是作家，还是哲学家、文艺学家、语文学博士。他用荒诞的语言表达一个民族的信仰与国家命运的关系，让我佩服得五体投地，所以《哈扎尔辞典》我读了四遍，关于民族、宗教、信仰、文化、科学、数学、天文学……

　　金子葳作为一个高中生，和我交流显然是知识储备不足，所以整个交流是我在谈，他在听……"金子葳，你见到我爸后咋不提问？"张阔问金子葳。"不知道问啥！"金子葳嗫嚅着说。"不敢提问，咋知道我爸是骗子还是大师？大师和骗子的区别不是有多牛的布道式的说话，而是他敢不敢接受提问与质疑！"张阔对老爸的知识水平还是很自豪的，事后教训金子葳："你浪费了一次和我爸交流的机会。"

第十八章　父母有时恰当地示弱也是一种智慧

只有顶尖的高手遇到的困难是能力问题，大部分人遇到的困难都是态度与方法的问题。学生只要认真地学，都能达到优秀的程度，折算高考分数六百分左右，考上个"211"大学不成问题。

很多学生之所以连高中都考不上，大多数是学习态度问题。学习态度背后是一个学习动机问题。为了解决这个问题，我可以说是绞尽脑汁。为什么？就连早上起床这么简单的事，如果没有动机支配意识就会变成一种思想斗争，何况是学习！为什么大多数家长感觉孩子学习知识时像给家长学的一样？因为孩子没有学习的动机，不知道为什么学习。网上流行一句话非常好："我不是爱学习，是怕挨打。"的确，中国的教育制度能培养不爱好学习但成绩非常好的孩子。事实上，这样的孩子即使考上一个好大学，也不会有大成就。因为，孩子之间的差距不是智商，而是价值观。一次，张阔问我："老爸，在中国谁最牛？""你说呢？"我反问。"国家主席！"张阔说。"不是！"

我说。"嗯？"张阔有些吃惊。"袁隆平！"我平静地说。"为啥？"张阔展现出不理解。"过春节时，袁隆平在家坐着，我们的总理去给他拜年！"我说。"不会吧！"张阔吃惊了。"怎么不会！袁隆平的水稻技术，使全世界的多少人免于饥饿！一个人的分量，不仅是你有多大的权力，更体现在你为这个世界做多大的贡献。受过初中教育的人，世界上很多国家的名称可以不知道，更说不出这个国家的总统、总理了，但是鲜有人不知道牛顿与爱因斯坦的。"我的回答一下子让张阔沉思了好久。"孩子，文无第一，武无第二。有些人可以将《红楼梦》批得一无是处，但是勾股定理诞生几千年了，一直没有人能推翻！"张阔一下子好像明白了很多。

至于学习方法，是每一个人根据自己的特点总结出来的适合自己的学习方式。只要孩子清楚自己将来做一个什么样的人，他就有学习意愿了。只要有了学习意愿，剩下的学习方法那就是八仙过海、各显其能了。记忆力好的，理解力好的，动手能力强的，每一个人根据自己的实际情况可以找到各种适合自己的方法。实际上，综观孩子们的学习方法，孩子遇到的最大问题不是方法问题，而是方法的坚持和面对困难的意志力问题。

如何培养孩子坚强的意志力，让他在困难面前不屈不挠呢？首先要清楚，坚强只是一个形容词，重点是意志力——掌控专注力、情绪与欲望的能力。按照一般人的生理规律，人进入十三四岁后，四十分钟的专注力是正常的，所以课堂时间设为四十五分钟。

掌控情绪的能力？有人说，我孩子就是一个火暴脾气，稍不从他的意不是甩脸子就是摔东西。将来，他参加工作了，领导批评他，上前揍领导一顿行不？一个不能掌握自己情绪的人特别容易走极端。欲望，更不用说了。自己没有钱还想买别墅，除了拼命挣钱外，别的想法都是掌控不了自己的欲望。因此，"掌控"本身就是意志力的表现。

"我孩子天生就是急性子。""我孩子天生就是慢性子。"有的家长说。著名的心理学家滕尼斯认为人有两种意志——本质意志与选择意志。本质意志是一种由人性深处自然发出的意志，是生命统一的原则。它包含着思维、习惯，并与人的情感、欲望冲动自然有机地结合在一起。本质意志存在于人的胚胎和生命的本源，是一种原始的力量与基因密码，是人天生的一部分，是由遗传因素决定的，比如急脾气、情绪波动大。选择意志是思维的产物，有意识地指导人的行为，是人的外在目的得到实现的前提。这就是人们常说的"人是环境的产物"的原因。选择意志是理性的，脱离了许多人性内在特点而存在，受到人类思维的支配。在理智衡量现实的选择后设计出行动的蓝图，指导个体为达到理想的目标而做出行动。选择意志培养的是人实现自己目标的能力。早在一千多年前，苏东坡说："古之成大事者，不惟有超世之才，亦必有坚忍不拔之志。"苏东坡所说的这个志，就是意志力，特指选择意志。许多有成就的人就是选择意志非常坚强。比如曾国藩，坚持写了几十年日记，直至临死前的一天还在记录。

看看现在，别说小学门口接送孩子的家长整天排长队，初中生已经进入青春期了，许多家长还在学校门口排队接送。更甚者，高中的孩子上学也是车接车送。一个出门都要在父母的保护下才能行动的人，指望他意志力坚强？

意志力薄弱的孩子是怎么培养出来的呢？你观察身边的例子就会发现，

孩子学走路时摔倒是在所难免的。第一，让他自己爬起来。第二，拉他起来。第三，拉起来后再跺一下地，怪地不平坦。家长的这三种方式将培养出孩子的不同思维，孩子长大后的意志力就不一样，自然面对困难时的态度也不一样。"我的孩子遇到困难就逃避，怎么让他坚强呢？"有的家长问。其实，早在1915年心理学家博伊德·巴雷特提出一套锻炼意志的方法。包括从椅子起身和坐下30次，把一盒火柴全部倒出然后一根一根地装回盒子里。他认为，这些练习可以增强意志力，以便日后去面对更严重、更困难的挑战。

　　为了培养张阔的意志力，他很小的时候我就非常注重培养他独立思考的能力，基本上不会用父亲的权威去压制他的个人想法。四岁时，我的一个同学到我家里来玩。张阔见到后直接说："爸爸，我不喜欢这个叔叔！""呵呵！"我那个相貌丑陋的同学的表情更加难看了。"唉！儿子，自己玩去吧！"我心里清楚这个年纪正是表达自己真实感觉的时候，如果过早地让他学会"讨人喜欢"地说话，渐渐地他就会失去真实感受自己的能力，就会缺乏自信。古往今来，谁见过没有自信心的人有坚强的意志力？

　　张阔从小就弹钢琴，多年坚持不懈就需要意志力，尤其是钢琴比赛前每天要训练十个小时以上，这无形中磨炼了他的坚强意志。张阔十一岁时，我在台州工作，有一个星期妻子去武汉参加一周的戏剧节，只能让母亲从老家来照顾他。"奶奶，你怎么不像我妈妈一样管着我：回来后几点弹琴、几点写作业、几点睡觉？"一时，没有人管的张阔有点不适应了，对我母亲说。"怎么管你？回来了你立即坐下来弹琴了，作业也写了，晚上十点就睡了。"我母亲不识字，也无法辅导张阔的作业，只能听之任之。张阔清楚自己在奶奶的监视下有些偷懒耍滑了。奶奶这么信任他，就觉得很不好意思，渐渐地学着自己掌控自己、自己管理自己。

上中学后，随着知识面的增加和课外知识的扩展，张阔经常在课堂上接老师的话茬儿，甚至找一些刁钻古怪的问题诘问老师。比如，冰比水的密度小，根据加速度原理，雨滴从高空中落下来能砸伤人而不是冰。为什么能砸伤人的是冰雹而不是雨滴？再比如，《几何原理》讲，两条平行线永远不会相交。但是，爱因斯坦说整个时空就是弯曲的，怎么能找到两条真实的平行线呢？这种爱思考又爱挑刺的孩子有的老师喜欢他，表扬他聪明；有的老师烦他，找理由让他站到教室后面听课。我一直认为这就是成长的代价，也是独立思考的代价，一直站在儿子一边支持。

许多家庭的男孩子都喜欢和母亲站在一起。由于我对张阔的理解与包容，我和妻子在一些问题上有分歧时，张阔经常以父亲博学为理由，和我立场一致。最让她"伤心"的一次是张阔的中招考试。一出考场，妻子问张阔作文题目。"《最懂我的人》。"张阔若无其事地回答。"你写的谁？"妻子得意地问。"我爸！"张阔不假思索地说。"考试，你点名让我陪你去。大热天，我陪你在外面待着，你爸爸在空调屋里享受，你却写的是你爸爸！真是没有良心！"很久之后，妻子还唠叨这个事呢。

其实，真正的家庭教育是对孩子约法三章的规则引导，而不是全面控制。为此，我多次给妻子说："儿大三分客。自己生的孩子大了，也不是你想说什么就说什么的！"妻子不服。

一次，朋友邀请我们参加家庭聚会。"高三了，我还能参加吗？"张阔听后头摇得像拨浪鼓一样。"人家点名让你参加，想让你和他们的儿子交流交流学习经验。你不去，怎么能行？"妻子激动地说。

"点名让我去也不行呀！每周末，我就在家睡一晚上，还得出去吃饭，太累了。"张阔眉毛一挑，顶回去了。

"潦寒，看你儿子呀！大了，翅膀硬了。妈妈的话也不听了。"妻子一脸愠怒地看着我。

"儿子，作为家庭的一员，你享有权利，也有家庭义务呀！这个叔叔从外地专程来郑州就是为了请你，给我个面子呗！"我调侃着对儿子说。

"嗯！"张阔看一看表，迟了三秒说，"那行吧！我得洗洗澡，弄帅点再去！"

我清楚，孩子叛逆期是用情绪处理问题，如果家长再用情绪，只能助长孩子的叛逆。这时，如果家长示弱一下，反而激发孩子受到尊重的自豪感与个人决策能力。但问题的关键是，很多家长也喜欢用情绪处理家庭问题，反而助长了孩子的叛逆，让他缺少了自己决策、自己承担的意志力锻炼。

第十九章　让高中生不断地用文字发掘自己的内心

无论灾年丰年，岁月如期而至。无论悲伤快乐，日子如期而至。

2020 年 7 月份，尽管新冠疫情将全世界搅得不安宁，中国的高考仍然如火如荼。河南作为高考大省考生人数再次突破百万，达 115.8 万，北大、清华在河南计划招生 80 人，破天荒地将录取分数线推高到 703 分、704 分。河南省的考生更威武，700 分以上的学生有 169 名。三十九所"985"院校在河南的招生一万出头，只有百分之一的录取率，河南的考生 650 分以下根本没有好大学上。北大、清华连保送共录取了 73 名郑州外国语的学生，虽然郑州七中 600 分以上的学生达到 50 多名，但没有一个考上北大、清华的。

郑州七中想在学生们中间寻找有实力考上清华、北大的苗子重点培养。"王老师，虽然离退休没两年了，但老骥伏枥，志在千里，作为重点班的班主任，责任重大，重大到关乎学校的荣誉。我们在高三的学生中一再筛选、对比，发现张阔的成绩一直很稳定。第一名进来的，每次大考一直保持第一名。不偏科，考场发挥也好。为了七中的荣誉，王老师，您最好将管理班级的一半的精力用在张阔身上，努力保证将他送进北大、清华。"王继夫老师接到年级禹主任的通知。

"张阔，我的教书生涯能不能有一个光彩圆满的结尾，和你考不考得上清华、北大有直接关系呀！"王继夫老师找张阔谈话。

"老爸，压力山大呀！"张阔苦笑着给我说。

"压力有科学出口就成了动力。比如枪，如果没有撞针给它施压，它连匕首也不如；比如火炮，如果压力不科学地释放，炸膛了只会伤着自己人！"多年来，我给儿子谈话形成一种风格：少讲道理，多谈事实；少用情绪，多用机智；少谈成绩，多谈方法。

"去年，吴宜汶考上北大。听老师讲，文科成绩并不是七中最好的，只是临场发挥好。今年，七中一个都没有。七中的历史与整体的水平决定着考北大、清华的难度！"张阔忧心地说。

"什么样的传奇不是人创造出来的？"我安慰儿子。

"创造传奇，谈何容易！"张阔苦笑了一下。

"汉尼拔带着几万人的部队穿越阿尔卑斯山，难不？官渡之战，曹操击败袁绍，难不？淝水之战，谢玄击败秦王苻坚，难不？四渡赤水，毛泽东带几万人长征，难不？人类历史都是由一个一个传奇组成的。"我觉得孩子的精神长相比个人外貌重要得多。因此，经常有意无意地给他灌输这些理念。

"嗯！怎么办呢？"张阔的叛逆期非常不明显，经常用商量的口吻和我交流。

　　"工欲善其事，必先利其器。有空了，再总结一下自己的学习方法吧！高三，高中课程都讲完了，只剩下一轮一轮的复习。以前的学习方法肯定不适合了。我们要经过深入的思考，总结出适合自己的高三学习方法！"

　　"学习是个脑力活。不能靠刷题将它变成体力活。更不能没有方法地拼命死学，将勤奋变成假努力！"说得多了，张阔就知道我往下要说什么了。

　　学习最重要的不是成绩好坏，而是对知识的理解。成绩好的不一定学的知识就多。知识面宽的孩子，不一定成绩是最好的。但是，知识的宽度决定了孩子人生道路的宽度。因此，无论是什么时候我都支持张阔看书，看各种门类的课外书。他什么时候看我都不反对，而且经常和他交流交流。

　　"老爸，《童年的消逝》挺有意思的？"在书架上翻到波兹曼的这本书后，他给我说。

　　"这个人可是一个大家，传播学大家，文化学大家，是继麦克卢汉之后影响世界的一流学者。"

　　"'我们终将毁于我们所热爱的东西'这句话太牛了。这里面有一个故事太经典了，我得写篇文章。"张阔看了波兹曼的《娱乐至死》，给我兴奋地说。

　　"写呗！这可是有影响的大作品，你要写就写出点新意！"小的时候，为了锻炼张阔的表述能力与逻辑思维能力，我经常让他写一些日记之类的。如果我看着不错了，能在我的博客上发了，就奖励五十块钱。有一阶段他为了挣钱，还真写过好几篇。高中了，没有物质利益刺激主动写文章，一定是发自内心的。

形式决定内容，亦或者说，媒介决定思想
——读尼尔·波兹曼《娱乐至死》有感

听起来难以置信，实际上浅显易懂。古人竹青制书，材料昂贵、刻字困难，所著必简洁。在苏格拉底的时代，演讲成为传播思想的方式，那么思想也必不仅仅是演讲者的语言，也包括演讲者的眼神、表情、语调和手势。可以这样理解，书面文体要求作者逻辑清晰、论证严谨，以供读者一遍又一遍地从文中获取思想，但在演讲中演讲者加入了表情、语气和手势等帮助传达思想——这些不仅仅帮助思想的表达，更成为思想的一部分。

所以说，媒介决定思想。

有一个有趣的例子，说的是一名学生在作毕业答辩时，被审查官指出论文引用出现纰漏。引用的那句话本身无误，问题出在注解上。那是在一个小聚会上讨论的结果，鉴于没有书籍引证，学生这样注解：引自1926年3月12日晚的一个辩论，作者麦金，同席威廉和汉克可以做证。五个导师中有四个对此提出异议，他们认为这样的证明方式不妥，应该用著作或者文章中的引文代替。学生极力辩护，当时有人在场，可以证明他引用部分的准确性：他强调表达思想的方式同思想的真实性无关，且不无抱怨——你们为什么可以相信印刷文字的引用，却不能相信口头引用的内容呢？

回答是这样的：你认为表达思想的方式同思想的真实性无关，这是错误的。学术界中，出版的文字被赋予的权威性远超口头语言。人们说的话比他们写下来的话要随意。书面文字是作者深思熟虑、反复修改的结果，并且具有客观的特征——书面文字的对象从本质上来说是客观世界。它比口头语言更加接近真理。最终，学生修改了论文，顺利毕业。

媒介决定了思想已毋庸置疑。在一场大型辩论会上你不能话语轻佻，同时在多年兄弟的酒桌上你不能像是在法庭上探寻严谨的真理，你明白，形式限制了内容，决定了内容。

因此，读书向来被推崇，而拿着手机的学生无论在浏览什么都大概率会被父母指责为玩手机。媒介是一个文化符号，并深刻地影响了其传播内容。也正因如此，传统出版业绝不会被网络文学打败，因为文化符号基本已经定型——网络文学又是一堆取悦读者的快餐。

这便是《娱乐至死》的精要。有趣的是，作者本想对逐渐被边缘的传统出版业大力倡导，对当时美国的影视娱乐业批判，而其观点代入到互联网时代竟通行不悖如鱼得水。互联网的娱乐性与碎片性决定了它的内容，尽管其十分多元化、包罗万象。因此，拿手机——不管在干什么、搜索什么信息，都可称之为玩手机。

这也解释了一些社会现象。同样的话，权威说出来是真理，无知者说出来就是谬误。因为话语的意思和说话的人共同构成了思想，二者缺一不可。所以人还是要奋斗，否则不论说什么，都被认为是浅薄。

　　看完之后，我认为这是张阔写过的最好的文章，因为他已经有自己的思想了。为什么？我反对家长为了让孩子好好学习，因噎废食家里不买电视、不装网络。他们觉得这样纯净，孩子就好好学习了。其实，电视、网络都是学习的好工具。只要有很好的学习动机，网络比传统的书籍方便得多。比如，在网上查各个科学家的贡献，多方便呀！想读《十万个为什么》，书的版本和互联网相比就是小儿科。如果感兴趣，一天搜一条为什么，比如：胡子头发能长长，眉毛为什么长不长，人的大脑到底有多重，地球与太阳的距离是怎么算出来的……积累三年，就成一个比较博学的人了。张阔从小受看电视学习知识的影响，对波兹曼的观点颇为不赞同。最重要的是，他与社会现象联系起来了。玩手机也可以学习，而非只有看书是学习。写文章容易，写自己难；写观点容易，写得与现实密切相关难；写批评类的文章容易，写得与大家针锋相对难。

　　张阔的这篇小文章恰恰都做到了。在不教他写作文的情况下，细想这个高中生能写出这样的文章，和我一贯的教育方法有关：降维学习。什么是降维学习？降低一个维度的学习方法。我认为，小学生的学习方法就是死记硬背。正在识记阶段，无论汉字，或者知识都需要死记住。为什么这个时候要死记？为了活用。人们才总结了一个方法叫"死去活来"！初中阶段，需要多练习。初中阶段的知识基本概念性的多，如果不能熟能生巧，容易形成眼高手低的毛病。这就是初中生的成绩和勤奋程度有关的原因。高中阶段，需要理解记忆了。无论解析几何或是椭圆函数，都需要学生的二维半或三维思维。真的理解了，很容易；不理解，刷多少题都很难做到灵活运用。人的思维往往是上到初中觉得小学的知识容易，上高中了觉得初中的知识容易，读大学了觉得高中的知识简单。为什么上小学时不觉得小学的知识容易，上初中时不觉得初中的知识容易，上高中时不觉得高中的知识容易呢？主要原因是你的学习方法与思维方式上了一个台阶产生的感觉。我们能不能上初中时就用高中的理解记忆法，将所学的知识多问几个为什么？上高中时，用大学的思维方式，将知识面扩展一下，采用融会贯通的方法将所学的原理、定理、公式灵活运用、举一反三呢？我觉得可以，前提条件是知识面广，有能力举一反三。基础知识扎实，避免了眼高手低。

历史上有一个非常吊诡的"墨菲定律"——你认为出错的，它一定会出错。虽然我是一个作家，但对语文考试也是束手无策。高三开学不久，张阔仍然对自己的语文成绩表示担心地说："我们学校历史、语文成绩考得最好的是129分。我经常在120分以下！""咋办？""你再和我老师交流一下，看是不是有什么语文考试秘籍！"张阔提出来让我见一见高三的语文老师。"老师，你一届一届地送毕业班，对语文应试有着非常丰富的经验，张阔的语文成绩全靠您了！"我客气地对李卫红老师说。"张阔很懂事呀！从联系着说你要来学校到把你领过来，说明这孩子已经有丰富的社交经验与人情的洞察力了！""这孩子从小练钢琴，历次比赛的舞台经验让他比一般的孩子在生活规则上早熟一点。"尽管每一次和人初识的动机不一样，我从来就喜欢随机应变。

高三老师的最大特点就是高效。"语文要想考高分，有三点特别重要。一是字迹。尤其是作文的字迹，一定要大方清晰。二是作文，一定要摸清楚出题人的意图。三是阅读理解，一定要答得简洁有力。"李老师不愧教多年毕业班，一语中的。"张阔的字迹不好，也不算坏。""他假期都描红。"虽然我的字写得草，为了不让儿子在字迹上吃亏，我比较注意他在这方面的训练。"张阔没有认真临过字帖，需要写得大方清晰！"李老师从手机上调出来张阔的作文试卷，字迹果真有点潦草模糊。"另一方面，张阔写作文有点拧巴，他一直想表达自己对这个世界和社会的看法，但表达得又不是很清晰，逻辑上也不是很严密。"李老师也接到学校重点培养张阔考北大、清华的通知，非常尽职尽责。

我想说他的作文是有想法时，突然觉得有点不妥，转换了一个话题，"老师，你对今年浙江省的满分作文《生活在树上》怎么看？""写得挺好的呀！能在考场上引用那么多名人哲言，又逻辑清晰地表达出来，非常了不起！"李老师说。"呵！别说第一个阅卷老师给他打 39 分。如果我是评卷老师只会给他打 29 分，叽里呱啦说了半天，不知道他写的是什么。除了生僻字与名人名言的堆砌，读后让人一头雾水！相当于一个人不会说话！"我真实的感受如此，实话实说。"张阔爸爸，你不知道阅卷老师一分钟评一篇作文，扫一眼开头、结尾，觉得语言不错，写法新颖就判分了。"李老师研究阅卷老师的心理，诚恳地说，"高考作文和写作不一样。它的临场性、它的规范性体现了国家选拔人才的要求！""确实！这也是我不教儿子写作文的原因。古代就有'先考功名再做学问'的说法。应当给张阔多一些这方面的指导！"我表达出了自己的想法。

事实上，关于语文学习，尤其是语文成绩的提高没什么秘籍。但是，我之所以一次又一次跟张阔的语文老师交流，是为了给张阔一个心理安慰——老爸和他一起在战斗。任何学习都是"师傅领进门，修行在个人"。一个班几十个学生，同样的学习内容在同样的老师、同样的教授方法下成绩千差万别的根本原因，在于个体差异。除了极个别的，好高中的学生在智商上个体差异不大，大部分学生被同样的教材、同样的学习经历同化了。学习成绩之所以差别很大，根本原因在于遇到瓶颈后解决困难的能力与学习方法的运用。心理学上有一个专业名词——习得性无助，指的就是人遇到困难后，有的束手无策，有的找理由退缩，有的迎难而上。没有学生不想迎难而上，但是大多数都无法迎难而上。原因在于耐力、策略与解决困难的心理经验。受过系统的心理学教育的我，自然懂得儿子的学习心理。

从学校回来，我又跟儿子做了一次深度交流。"儿子，高三得总结自己的学习方法了。如果你仍用高二的学习方法，肯定是不行的。高三是复习，高二是学习新知识。"

"是呀！这个道理我懂。但是，现在我还没有行之有效的学习方法。学习有时候是方法问题，有时候全看意志。高二上半学期，我的学习压力非常大，自我调解能力差，拼命地学，几次考试都是全年级第二。那时，每周有一个晚上几乎没法学习，只能干熬着。这也带来一个益处，我经常瞎想东西，想学习方法的时间也多了。因此，我的学习时间少、效率高。到了下学期，适应节奏后找到了感觉，所以没有费多大力气就能甩全年级第二名几十分。进入高三，一切又不一样了。我还没有适应高三的节奏，但第一轮复习已经过半了。"儿子高中后，最大的变化就是对情绪的控制。我能感知到他的压抑、他的心力交瘁，甚至是他的愤怒。但是，我绝对不能让儿子感觉到无助，尤其是觉得父母对自己的困难也无能为力的那种无助。那样孩子等于没有了靠山，没有了精神力量，很容易被困难打垮。

事实上，人如果没有精神力量，不打自垮。"儿子，谁不是在困难中成长的？遇到困难不退缩是第一步。第二步是稳定情绪，研究困难。第三步是想出对策。"

"对策，说起来容易，想起来何其难！"张阔苦笑了一下。

"决定人未来的是他的过去。大部分人之所以不自信，是被困难打倒的次数多了。你一路过关斩将走到现在，积累了相当多战胜困难的心理经验。"多年父子成兄弟，我经常用同仇敌忾的方式鼓励儿子。

"从头到尾，我整个高中一直没有大变。我从来都不是一个能埋头学习一直干的人。我会思考，这给予我很大的帮助。但是，现在我不需要思考，我要的是执行力。这是我最大的缺点，很致命。说实话，我的计划从来都没有真正完美地完成过，百分之八十足够了。现在，我连规划都很难。老师已经占满了我的时间。有时候我在生气，成天弄这么多东西没有效果。我都在干些什么？一想更烦了。专注力也不高。我需要想一个办法。但是，我现在疲于奔命！"张阔说着说着，仰脸长叹，潸然泪下。

人都是自卑与自负之间的一个滑行动物。不同的是，你处在这个区间的哪个点上。一代人一代人的总结经验告诉我们：大战前，有经验的将军都是用视死如归的荣誉鼓动士兵，让士兵们产生一种悲壮的情绪勇往直前。审讯犯罪嫌疑人时，有经验的侦察员都是拼命地贬低犯罪嫌疑人，用难以启齿的人的共性弱点瓦解其意志，达到予取予求的目的。这些都是极端的现象。心理学告诉我们，这些经验同样也能用在现实生活中！"纵观人生的大风大浪，我发现学习是一件最容易的事。高中的知识就那么多，是死的。只要你学习方法正确，小步慢跑地学，一定会学得非常好。"我想起来暑假时张阔的感言，逗他说。"是得总结出一套方法，既跟上学校的节奏，又要有自己的步伐。"对于高中生，理解与沟通是最好的帮助。

"张阔，口语与书面语的最大差别是，口头说出去可以灵光一闪，容易空口无凭；书面语，写两百字也得讲逻辑能力。要想感悟深刻，最好是写下来，立字为据。"我故作轻松地说。

"行，我也觉得写出来更有感觉。"张阔与我交流之后，写下自己的学习经验：

关于学习方法，最重要的是适合自己。每个人的情况不同，适合的方法也不同。一般培养学习方法是先做好老师要求的，长期完成老师的任务后再进行总结，自然可以改进学习方法。

学习方法不是万能的。它只是一个涉及面比较广的维度。就像成绩差可以说是学习态度的问题。诚然，成绩不好态度占部分因素，但就此甩锅未免有失偏颇。学习方法需要一定的基础，就像爬楼梯，大多数人还没有到这一层，应以其他方面为主，产出率会高不少。

学习方法的改进是水到渠成的。有时，你感觉无效，可能是尚未适应，没到产生那一步。有时，需要埋头干一个月才有明显的进展。改进学习方法最基础、最简单的是听校内老师的话，简单易操作。当你明显感觉老师说得不靠谱，可以单独咨询。

学习是件用心活。很多时候，你并没有开创性的思考。你只是接受、浅层运用、重复。

注意效率。有时效率是看做题快慢，有时看效果，有时看单位时间学到了多少新思路、新方法，评判效率最根本的一条是：相同的学习时间，考出多少分。

学习状态像大海，起伏不定。但希望各位每天学习都朝着一个方向前进，一点一点精进钻研。这样会充实不少，也会让你坚定信心。毕竟，学习像人生一样，风云变幻，多姿多彩！

第二十章　学霸是睡觉时在学习，学渣是学习时在睡觉

"读书，阅人阅事阅世界追根溯源。写作，有情有义有格局直抒胸臆。"我创办的听岳书院的匾额是由著名的文人书法家孙荪先生写的，对联是由张毅敏老兄写的。我将听岳书院定位为"一个成就理想的地方"。为什么？因为人如果没有理想，就会懒得无所事事。人为什么会懒呢？因为，人类存在几百万年了，也饥饿了几百万年。人类真正能吃饱饭也就进入工业时代，粮食产量得到大幅度的提高之后的事。所以，在漫长的人类发展史上，为了节省体能、维持生存，人类尽量少运动。有人说，读书不运动呀！其实，读书得动脑子吧！根据科学计算，大脑虽然只占人体的百分之二，它运作起来却要消耗人体百分之二十的能量。这是人不愿意动脑子的原因。但是，人又不能像动物一样吃饱了往太阳底下一躺，什么也不想了。为何？如果人吃饱了什么也不想，恐怕就没有下顿了。想一想：速度，赶不上豹子；凶猛，比不上老虎；自由，飞不过鸟……人们光懒着什么也不想，不但打不到动物，

反而会成为动物的食物。怎么办呢？为了生存下来，人们将石头砸出锋利的刃制造了工具，用绳子捆在灌木条上发明了弓箭，再后来为了防止冬天没有食物又种植了庄稼……但是，营养不足造成的疾病非常普遍。人们为了节省体能，"懒"还是作为一种原始记忆储存在了人类的基因中。

有人说：人不动，能够节省体能。只用眼睛看书会费多大的劲呢？我们还得从人类文明发展史中寻找答案。在漫长的发展史上，人的动物性特别强大，追捕野兽，挖阱下套，结网捕鱼，弱肉强食……因为还没有进入农业社会，不需要秋收冬藏，更不会抽象思维。在文字诞生以前，人们主要是看图画。例如1879年，人们在西班牙发现的阿尔塔米拉洞穴壁画，很多动物栩栩如生，不逊色于当代的油画。旧石器时代的人类还不会制造陶罐，怎么可能画出极具现代风格的绘画呢？后来，随着史前洞穴壁画不断被发现，有了参照物的对比标准后，这里的洞穴壁画才被认定是一万五千年前旧石器时代的原作。洞穴壁画中有野马、猴子、野猪、鹿、山羊、野牛和猛犸等动物，绘画风格写实逼真，以红、黑、紫为主，采用重彩手法刻画出来千姿百态、栩栩如生的动物形象。最不可思议的是，洞穴壁画颜料是矿物质、炭灰、动物血，再掺入动物油脂混合而成，色彩至今仍鲜艳夺目。这说明什么？说明人的形象思维已经很发达了。图画属于形象思维，文字是抽象思维。从十余万年前的语言到几万年前的图画，文字才诞生几千年，足见抽象思维的不易。为何？抽象思维是人们在认识活动中运用概念、判断、推理等思维形式，对客观现实进行间接的、概括的反映过程。

透过现象看本质，抽象思维是人类发现世界真相的最好方法。我们生活的世界其实只是被复写过了的影像，比如声音、色彩甚至味道等，都只是被我们的神经器官转化后的现象，世界真实的样子只有物质和运动，以及它们的特性。靠经验是无法了解世界真实的样子。

看到树叶是绿的，是具象感觉。为什么是绿的？就是抽象思维。植物的叶子之所以多数是绿色的，是因为绿色植物叶肉细胞里有叶绿体，叶绿体内含叶绿素、叶黄素、胡萝卜素、花青素等色素。叶绿素的含量占有绝对的优势，它把其他色素都掩盖了。色素对阳光中的红、橙、黄、绿、蓝、靛、紫七种色光的吸收，是有选择性的；叶绿素对红光和蓝光吸收较多，而对绿光却不吸收，并把它反射出来。因此，我们看到的植物叶子，呈现出一片绿色。

"曹冲称象"的故事，是抽象思维一个重要的特点。因为，在大象与石头的等量之间，需要"船吃水线"这个转换。其实，绝大多数人是转不过这个弯的，曹冲因此才青史留名。

随着人们对抽象思维的总结应用，几何已经运用到现实的生产生活中。尤其是"勾股定理"的普遍运用，抽象思维一天天被人们丰满、扩展，特别是希腊的一批哲学家用最简单的几何原理测算出来地球的直径及地球与太阳的距离后，抽象思维已经达到了令人惊叹的地步。尽管如此，抽象思维在民众之间的普及，仍是非常的艰难与不易。举个例子，"日心学"是一个叫喜帕恰斯的哲学家提出来的。他说："如果太阳围绕地球作正圆运动，为何一年四季不相等呢？"同时，他用圭臬竖在地上观察了十年，发现每年的影长都不一样。他断定不是太阳围绕地球转，而是地球围绕太阳转。一千七百年后，哥白尼在前人的基础上又经过数年的观察与分析，提出了"日心说"，引起了轩然大波。伽利略坚持哥白尼的"日心说"，又因为拿不出直接的证据被判有罪，直至牛顿的"万有引力"在数学、力学与天文学的帮助下得到科学界的全力支持之后，"日心说"经过间接证据的科学实验一遍一遍地演示后才得到认可。间接证据的"抽象思维"第一次在人类史上大获全胜。

由于"抽象思维"的复杂性，人们看文字比较累，所以喜欢看图片与电影，而非读书。

同时，文字的抽象性还有一个最麻烦的地方，你将一行一行的文字用形象思维都转化为图片，像电影胶片一样，又不可以。因为，人的大脑不是一个贮藏室，而是由记忆连接起来的，是一个思维空间。如果没有精神需求，人怎能有耐心用抽象思维为自己搭建一个精神世界？这就是人不愿意读书的根本原因，也是做学问难的原因。有人说，我喜欢看故事书，不是读书吗？我喜欢看笑话书，不是读书吗？是，但书与电影电视比，笑话书与相声小品比，我相信你还是倾向不读书。有人说，老师，我从内心里愿意读书，精神上也有读书的渴望。但是，就是读不进去，什么原因？

内心需要！一个人为什么没有读书的内心需求呢？想一想当一个人吃饱了之后还有食欲吗？有人说，读书不是吃饭，是精神需要。其实，精神需求也是需求。想一想，现在的猫为什么不逮老鼠了？因为，猫变成宠物了。人们给猫发明了猫粮，它没有逮老鼠的需求了，自然也不会费尽心思地去辛辛苦苦逮老鼠了。有人说，猫鼠是天敌。什么天敌不天敌，一切都是生存的需要。

读书也是一样，没有需求，谁费劲巴力读什么书。怎么才能有需求呢？

首先要看你想成为一个什么样的人。你想成为一个科学家，对自然科学的书自然有兴趣；你想成为一个文字家，对文学艺术自然非常热爱。这就是古人经常说的"要读书，先立志"的原因。否则，一艘船如果不知道自己驶向哪一个港口，什么风都是逆风。

但是，人光有理想也不行，得有方法。什么方法？"专注力，学习状态与深度思考。"专注力的重要性，大家都清楚。但是，为什么孩子没有专注力？原因有二：第一，孩子从小看电视。电视是每分钟二十四帧的流体画面，习惯了看流体，看静物就按耐不住。第二，知识不精彩，没有吸引力，引不起孩子的兴趣。关于学习状态，什么样的学生是在学习状态呢？凡是不能利用碎片化的时间学习的都不在学习状态。为什么？因为过目不忘是一个传说，记忆就需要重复。如果我们不能利用课后、睡前、饭时、路上的碎片时间，就很难高效率地学习。许多专家大师之所以有成就，常用一个成语"废寝忘食"形容，指的就是对碎片时间的高效利用。最后一项是深度思考。一个人如果不会深度思考，是很难有创新能力的，自然也很难有大成就。但是，很多老师给孩子总结了很多题型、标准答案、解题思路，一张卷子一张卷子地刷，想靠见多识广来解决问题。但是，世事如棋局局新，何况知识！出题老师翻新花样的目的就是让学生解答不出来，如果不掌握知识的原理，很难做到活学活用的"化"的程度。这也是大多数学生刷题，真正的学霸不刷题的原因。只要有深度思考能力，就不用刷题了。

为了验证自己的学习理论，我报名参加 2020 年高校教师资格证考试。9 月 12 号报名，10 月 31 号考试。我拿到书已经是 15 号了。420 页一大本，包含了高等教育学、高等教育心理学、高等教育法规概论、科学研究方法、高校教师职业道德、教育教学技能等内容。9月底，将书认真地看第一遍。

目标定下来之后，每天早上五点半起床，两个小时看三章。早上看完书后，上午到书院尽量再看两个小时。高等教育学的前五章知识性比较强。我先是用笔将知识点标注出来，六至九章运用性比较强，第十、十一章研究性较强，看得比较慢，但是一定要按照计划执行。高等教育心理学占全书的三分之一弱一点，是重中之重，是心理学与教育学有机结合，我就一个早晨看两章。月底时高等教育法规概论还没有顾上看呢。粗略地翻一遍，觉得一是不会考这么细，二是非重点、分值低。我打定主意放弃这部分，重点学高等教育学、高等教育心理学。10月初，就看第二遍。但是，书中提到的心理学家太多了，布鲁纳、埃里克森、皮亚杰、西蒙、班杜拉……怕记混，我将书架上的《自从有了心理学》这本书又看了一遍。给每一个心理学家标上学术主张、主要贡献，等于搭建了一个知识框架。同时，将书拆分。例如在高等教育学的十二章"高等教育的德育"中讲到班杜拉的社会模仿模式，在高等教育心理学的第四章"学习的基本理论"中提出社会学习理论，将这两章进行比对、罗列、分析记忆。最典型的是高等教育心理学的第二章"大学生心理发展与个别差异"中的"大学生的能力培养"与第七章"问题解决与创造性"中"大学生解决问题能力的培养"、"大学生创造性的培养"，将这三个部分制作一个表格，整理出相同之处与不同之处。相同之处用推理记忆，重点记忆不同之处，并且将相同之处与书中的其他知识联结起来，织成一个网，一揽子解决了。

10 月 20 号，我发现许多基本的概念还没有背诵。例如"技能"一词，感觉自己已知道，真的要落笔时发现没有词了，强行写出来是"技术能力"，和书上的概念"人们对一系列活动方式的概括"差别很大。再如，"内化——在思想观念上与他人的思想观念一致，将自己所认同的思想和自己原有的观念融为一体，构成一个完整的价值体系。"我强逼着自己写在纸上，和自己感觉着写出来的对比，思考之间的差距——是对这个概念的认知问题。这时，我发现这些所谓的司空见惯的概念定义出来是最难的，它需要排他性、证伪性与限定性。尤其是我将"服从"这个概念写在扉页上之后，心里豁然开朗："服从——根据社会要求、群体规范与他人意志而做出的相应行为的社会现象。"我理解的"服从"，主要是下级对上级。"群体规范"，概念外延时也能理解，"他人意志"？反复看书，琢磨！"对了，一班同学既不是上下级，也没有群体规范，之所以有的同学有号召力是因为他比较激进。"这时，我发现自己的理解之所以和书上的概念有很大的差别，是因为自己没有理解概念的核心，没有抓住概念的主要特点与关键的限定语。

如果书看到第二遍仍是这个结果，考试不会理想了。想到这儿，我陡然紧张起来。成绩好坏不说，自己创办书院就是研究学习方法的，如果自己考试就一塌糊涂，怎么教书院的孩子学习方法？想到这儿，我顿时吸了一口凉气。人的能力主要体现在克服困难的程度上。剩余十天了，我怎么能将这些概念烂熟于心。戒烟多年的我抽了十余支后，将这些记不准确的概念统统写在书的扉页，下定决心每天背上几遍，做到真正地理解与知识内化。"态度——通过学习形成的影响个人行为选择的内部准备状态或反应倾向。""功能固着——人们把某种功能赋予某种物体的倾向。""群体心理——普遍存在群体成员的脑海中，反映群体状况的共同或不同心理状态与倾向。""定势——重复先前的操作所引起的一种心理准备状态。"当我将"学习动机——激发个体进行学习活动，维持已引起的学习活动，并使之行为朝着一定的学习目标的一种内在过程或内部心理状态"认真地写下来之后，我已经发现这些概念的共同之处："倾向、心理状态与现象"是专业术语。我在百度上搜什么是专业术语，指特定领域对一些特定事物的统一的业内称谓！OK！只要先了解这些专业术语，运用这些专业术语就不会跑题。领悟了这些专业术语，就等于有了这门专业的学科思维！

总结出这个经验之后，我如获至宝地每天背诵扉页上的二十余个基本概念，并用基本概念推导记不住的内容。考试时间一天一天地临近，我的压力也一天天地增大。无论如何吹牛，毕竟四十三岁了，一个概念看似记住了，扭脸复述时仍是磕磕绊绊！时间的紧迫性已经使我决定放弃高校教师职业道德与高等教育法规概论两部分了。教育科学研究、教育教学技能因为实操性强，也只是翻一翻书，考试时只能靠多年的知识积累与临场发挥了。"拆书，死记硬背基本概念与用目录贯穿整本书的知识结构。"我定下这个方案之后，就全力以赴地施行，早起五点，睡前，醒后，一直按照这三步走。

"配套的不是有试卷吗？你不刷一刷题，拿到卷子后就会发蒙！"妻子担心地对我说。"刷题？很多人考前就刷题，考试结束后什么也不记得了！"我反驳妻子。"你不就是为了考高校教师资格证吗？考过不就行了？"妻子说。"我是想验证自己的学习方法。如果仍用刷题那个方法，我给书院的学生们讲自己都不敢用的学习方法，不是哄人家的吗？"我不服气地说。

"好！你等着吧！不刷题就考不过。到时你更丢人！""考不过，说明我的学习理论不行或者概念没有理解到运用的程度！"我本就是一个不撞南墙不回头的人。

我曾经给学生们讲过："学霸是睡觉时都在学习，学渣是学习时在睡觉。"有依据吗？有！麻省理工学院的心理学家马休·威尔逊训练老鼠在迷宫中寻找它们所喜欢的巧克力味食品，而放入老鼠脑中的传感器可以随时记录下动物用于判断方位的脑神经细胞放电类型。研究人员将跟踪监测的神经细胞放在脑中类似海马状的凸起部位，大脑这一部位负责记忆存储，人类、老鼠概莫能外。他们还记录了当老鼠进入睡眠状态时脑细胞的活动情况，发现老鼠在迷宫中奔跑时所看到的脑细胞放电类型和睡眠（快速眼动睡眠）的四十五分钟里占了一半的时间——当老鼠睡眠做梦时，梦中就会生动地再现夜间的生存技巧。"看到这些老鼠在睡眠中又在这个迷宫中进行精神上的奔跑达两分多钟是我一生中所经历的和以后可能经历的最令人惊奇的事情了。我所看、所学到的不是单是对记忆或是我对记忆猜测的记录，而是实实在在的记忆再现。科学之所以激动人心，不仅是因为假设得到了证明，还因为此前从未预料到的数据中发现类似的结论。"威尔逊的论文在2001年发表之后，得到了科学界的认同：人在进入睡眠和做梦时，大脑会有充分的机会过滤日间的经历，筛选相关信息，对于以前的经历进行整合，储存进长时记忆中。

学以致用！我心里清楚一个人真正的强大就是相信自己。考前的最后一星期，我睡前脑海里就是教材扉页上的二十多个基本概念与目录。凌晨四点睁开眼，想一想昨晚哪点没有记住，打开灯看一眼，继续睡；五点起来再收割一遍。不停地用"日有所思，夜有所梦"的方法记忆，努力做到睡觉时也在学习。一个写书传道的人如果不相信自己的道，怎么传给别人呢？胆识，胆识。一个人如果没有勇气，所有的见识都没有意义。抱着这种赴难的心态，我和自己死磕起来……

第二十一章　家长身体力行更能理解孩子学习的不易

2020 年 10 月 1 日放假，儿子从学校回来想彻底地放松下，就在家里翻看自己的手机。我们的晚饭很简单，儿子要吃麦当劳。妻子看了我一眼，有点不悦。"虽然油炸食品不健康，但是有减压的效果。"我支持儿子点外卖。"嗯！"妻子气哼哼地追剧去了。我早上起来读书，晚上基本上无法进入工作状态，下棋、看电影和翻书，或者构思一些作品片段，不知不觉地将时间打发过去了。"张阔，麦当劳也吃了，休息也差不多了，怎么不学习呀！"九点的时候，妻子忍不住了。"我在学校没日没夜地学了六天了，回家来能不能休息一会儿？"儿子看了一眼妻子。"从回家到现在两个小时了，你一直在看手机，没有休息吗？"妻子反问。"两个小时咋了！"儿子语音中带有情绪。"两个小时咋了？高三了，还有多少两个小时？"妻子也提高了分贝。"我在学校累得不行，刚回家用手机看一看新闻，和同学聊一会儿天，解压放松两个小时，咋就不行了？"儿子有点委屈地说。"你放松两个小时，其他的同学可没有放松。你不是和你们学校的同学比，而是和外国语、一中，甚至是全河南的高三毕业生比。他们的时间都是论分钟算的……"妻子吵儿子时口才非常的好。

"好了好了，你就不能看儿子闲一小会儿？"我怕妻子叨唠个没完，拦住妻子的话。"我怎么不能见儿子闲了？我怎么不能见儿子闲了？从回家到现在，他摸过书吗，做过一道题吗？"妻子立即将矛头指向了我。"你也是从高中生过来的，你不了解现在孩子的压力吗？""我们上的高中是什么狗屁高中？享受的是什么条件？他现在享受的是什么学习条件？"妻子转移焦点。"什么高中你也不是学霸，怎么指导学霸学习？"我怕妻子胡搅蛮缠，想震住她。"好了，好了。"儿子举手制止。"好呀！咱家就我一个小女人，你们两个大男人欺负一个小女人。"妻子使出了撒手锏。"好了，好了。我的儿子我了解。你追剧去吧！"我劝妻子。"我了解儿子是一个小步慢跑的人。再则，学习拼的不是时间，而是对知识吸收的效果！"我清楚，孩子在高三时经常处于焦虑状态。但是，大多数家长比孩子还焦虑。两个焦虑的人撞在一起基本上是互相伤害，两败俱伤！"好了，好了。你俩别吵了。我学习。"儿子说完，将试卷拿了出来。"别学了，这个时间学习没有任何意义，陪我下楼转圈去！"我拉着儿子下楼。"你们去吧！就当我不存在，是空气。"妻子见我俩真走了，有些自怨自艾。我清楚，在楼上越说越僵，解决不了任何问题，就径直下楼了。

"你儿子是一个什么样的人，你不清楚吗？"在楼下转了几圈，儿子还是担心妈妈生气，就上楼交流。"不管是什么样的人，时间是成绩的最基本的保证呀！""人逼自己学习是很累的。上高一时我没有找到适合自己的学习方法，但是，课又推进得那么快，我就只用笨办法逼自己学习，逼到高二，学了加速度与解析几何那一部分，我清楚了知识整理的套路，一下子豁然开朗了。"孩子的叛逆多是出在不和父母沟通，甚至觉得和父母说了也没用。因此，与父母沟通是我从小就给张阔立下的规矩。"高二的学习方法，高三就不能用了吗？"妻子问。"高三，不学新知识，进入总复习了。""复习，不是更简单吗？"妻子不理解。"复习，第一遍复习应当细致。但是，现在不让宣传各高中考上多少名校了，就比第一次模拟考试的成绩。我们学校为了一模分数好看，就将第一遍复习推进得非常快。惹得我班主任王继夫就说，这课没法讲了。这么快，不让学生吃透能行吗？你知道，我是那种细嚼慢咽的人，搞不懂了就不想学了。"儿子的压力来源于学习节奏。"学校快了，你就快点复习呗！"妻子无奈地说。"我不是快不了吗？"张阔说。"所有的学习障碍都是心理障碍，所有的学习问题都是心理问题。儿子，你按自己的节奏走，管他学校如何呢？学校又不负责你的成绩。"我们聊着聊着到十一点了，催儿子去睡时，他还意犹未尽。

进入十一月份的周末，九点还没有回来呢！"儿子怎么还没有回来？"我问妻子。"校讯通上说，放学后补习两个小时。"我有点坐卧不安，正踟蹰时，电梯门开了。"我回来喽！"伴随着熟悉的声音，张阔回来了，放下东西，吃饭，洗澡……妻子不再像以前那样盯着孩子学习了。"该早点休息就早点休息，有什么事等到明天办！"她故作大度地说。"明天早上八点就得到校！"张阔说。"不是明天下午六点前到校就行吗？"儿子以前就是这个时间点。"那是以前。现在，我们学校将前六十名集中起来，学校的顶级老师给我们辅导，美其名曰'高端生'，周六晚上八点半离校，周日早上八点到校。"张阔略带怨气地说。"除了路上，每周在家不到十个小时呀！"妻子有点意外。"你以为呢？"多少年了，儿子第一次对上学有抵触情绪。

上初中之后，学习成绩的好坏不仅关乎学生考上什么大学，还关乎在老师眼里学生会拥有一个什么样的身份问题。张阔高二上学期期末考试前，三天不进教室，自己找一个小屋子复习，自己总结错题本上的原因，纠正错题思路。王继夫老师竟然不管不问。高三的"十一"，王继夫老师参加市里第一次模拟预备大会，回来后各科老师抱怨学生作业交上来的太少了。王继夫问："数学作业没有交上来的都是谁？站着听课。"批评完之后，又补充一句："张阔除外。他的学习劲头，我相信他不交数学作业也不会不做。"张阔顿时感觉到自己身上的责任重大，不好好学习就对不起班主任的信任。

进入冬天，一个教室里五六十个学生，闷。张阔经常一个人躲在王继夫的办公室学习。王继夫老师不但默许，还经常鼓励鼓励。时间久了，张阔意识里就有一种特殊生的感觉。第三次"高端生"周六自习课，张阔下午放学直接回来了。"大家都在学习，为什么你回来了？"妻子感到意外。"每到周六下午，我已经归心似箭了，哪有心思再学两个小时？"张阔坦诚地说。"你经常缺课，老师不批评你吗？"妻子担心。"批评呀！我们的年级主任就用豫版普通话说，同学们呀！我们这个高端班可不是固定的呀！是根据每次考试分数进行调整的呀！我们这个高端班让最有经验的老师给你们辅导，你们缺席了，不是一个很大的损失吗？再则，你们来自不同的班级，集中了全年级的前六十名组成一个班，是同学而非校友了。感情距离是不一样的呀！将来你们会考上不同的名校，一个多大的社会财富呀！"当老师不讲理想，不讲知识，不讲精神，只利益诱惑时，是多么的无奈，挖空心思与用心良苦……

1月10日，张阔第一次模拟考试的成绩出来了，669分。虽然是全年级第二名，但北大、清华招生是以省为单位，这个时候年级排名已经没有意义了。看到这个分数，我有些焦虑。北大、清华肯定考不上，"985"的学校又有些吃亏。这是张阔上十二年学以来，我第一次为成绩焦虑。逐科分析成绩。数学，131分。"经常考满分，这次……"我问张阔。"最后一道大题15分，我在第一问时就算错结果了，造成后面过程算对了也没有分的低级失误！"失误，多是焦虑引起的。"语文114分，也太低了呀！""我就这个能力了！"张阔有些无助地说。"孩子，你不能这样想呀！否则，就是推脱责任。我就这个能力了，想表明的是尽力了吗？"我开导张阔。"说不上尽力。但是我上高中以来语文考120分以上的次数确实有限呀！""这不是还有几个月吗？我们能不能找一个提升语文10分的方法。根据心理学家维果茨基最近发展区的理论，你提升到125分是没有问题的。"我劝勉孩子。"我尽力吧！经过第一次模拟考试，我知道自己数学、物理准备差不多了，要把时间多用在语文与英语上。"张阔低落的情绪经常能在与我的交流中转化成思考。尽管，我对张阔成绩的期望是690分，事已至此，我所能做的就是鼓励孩子、引导孩子。因为，孩子这个时候最需要心理疏导与精神支持。

张阔这个分数考清华、北大太悬了。在河南，没有700分的成绩很难考上。如果语文就丢了二三十分，数理化都要接近满分，英语也得140分以上。我分析了七中与外国语的分差，差距最大的就是语文。数学，都是145分左右，理综也是290分，英语差5分上下，语文相差十四五分。"你们七中的语文最好成绩与外国语差咋这么大？"我问张阔。"我也弄不清楚。反正，我们学校的语文高考成绩没有上过130分的，外国语有140分的。"张阔有些无奈地说。"要不，把你的语文卷子拿回来我看一看？"尽管我心里清楚，未必能对儿子的语文高考有什么帮忙，我还是想在精神上能给予帮助。

翻着"天一联考'顶尖计划'2021届高中毕业班第二次考试语文卷"，我吸了一口凉气。我悄悄地做一遍后，对答案。作为一个作家，前面的语文知识丢了10多分，还有幸运的成分。我的作文，50分吧！60分的作文，老师只给张阔45分，有点偏少了。我将这篇材料作文反复研究了一下。

材料一：自2019年4月至今，人社部联合多部门发布的新职业已有38个。有报告显示，预计未来5年，新职业人才需要规模庞大，预计云计算工程人员近150万人，物联网安装调试员近500万……对于今天的求职者来说，越来越多的新职业进入就业视野，丰富了选择空间，拓展了人生舞台。

材料二：9月7日，"2020年中国农民丰收节金秋消费季"在京启动。首场直播中，"杂交水稻之父"袁隆平院士深情呼吁更多年轻人投身农业。袁隆平表示，青年农民是国家的希望，现在农业研究需要更多的知识青年。袁隆平还表示，他"最担忧"的是"年轻人不搞农业"。

材料三：湖南耒阳留守女生钟芳蓉 2020 年高考取得了湖南省文科第四名的好成绩。她选择了被称为"冷门"的北大考古专业。因为她喜欢历史，并被"敦煌女儿"樊锦诗的故事深深打动。同年，考进北大考古专业的董思奇说："我喜欢历史，喜欢逛博物馆。"她期待这种"既在书斋又在田野"的生活，"愿意去过一种物质上普通的生活"。

职业选择关乎个人发展，也关乎社会进步、民族未来。以上材料引发了你怎么样的联想和思考？请写一篇文章表达你的看法。

要求：结合材料，选好角度，确定立意，明确文体。自拟标题，不要套作，不得抄袭，不得泄露个人信息，不少于 800 字。

"张阔，这个材料作文不复杂呀！你写的什么内容，老师只给你 45 分？"我有些不明白。"这三个材料，我没有分析清晰，没有抓住每一个材料的关键词。"张阔有些气馁地说。

"写作文需要确立关键词？"参加多年的考试我第一次听到这个消息。

"是呀！这三个材料三个关键词，分别是关注新职业、国家需要与个人兴趣。作文一个词没有的，40 分以下；有一个，40 分；有两个，45 分；三个都写了，50 分。开头句子吸引人，结尾正能量，55 分，字再好，更高一些。"

"改作文，有这么死板的改法？"我有些不相信。

"老师改作文卷，二三十秒一份，扫一眼就打分了。没有一个量化的标准，咋改？"张阔安慰我说。这时，我突然想起来《百花园》《小小说选刊》的主编杨晓敏的一句话。有位作者屡次投稿不被采用，问主编杨晓敏："我们的稿子你没有认真看，为什么扫一眼就说不能刊发？""一个臭鸡蛋，我闻一闻就知道是臭鸡蛋了，非要尝一口才知道是臭鸡蛋吗？"杨晓敏这句绝妙的回答传遍了整个文化界。但是那是《百花园》《小小说选刊》，这是高考作文，有着本质的不同。

张阔见我仍疑惑不解，就将答案给了我。

写作提示：1.拥抱新时代，拓展职业选择。2.承担社会责任，树立正确的职业选择。3.了解自己的兴趣，发现自身特长是职业选择的依据。4.择业要综合考虑个人爱好与社会需要。

高考作文等级评分标准

		一类 （20～16）	二类 （15～11）	三类 （10～6）	四类 （5～0）
基础等级	内容20分	符合题意 中心突出 思想健康 感情真挚	符合题意 中心明确 思想健康 感情真实	基本符合题意 中心基本明确 思想基本健康 感情基本真实	偏离题意 中心不明确 内容不当 思想不健康 感情虚假
	表达20分	符合文体要求 结构严谨 语言流畅 字迹工整	符合文体要求 结构完整 语言通顺 字迹清晰	基本符合文体要求 结构基本完整 语言基本通顺 字迹基本清晰	不符合文体要求 结构混乱 语言不通顺，病句多 字迹潦草难辨
发展等级	特征20分	深刻 丰富 有文采 有创意	较深刻 较丰富 较有文采 较有创意	略显深刻 略显丰富 略有文采 略有创意	个别句子有深意 个别例子较好 个别句子较精彩 个别地方有新意

说明：

一、二类卷符合题意即可。一、二类卷的区别看表达，结构好，语言好，有创意，可归一类。

三类卷，从材料出发，允许内容游离。与材料内涵有一定距离。属于基本符合题意。特征按实际给分，不能跨类给分。比如，内容上判为三类卷，其他两项只能是二、三、四类，不能判为一类。也就是说，一旦基本符合题意，最多是40分，这就是立意定等级。最少是6分，这就是表达的高低。

四类卷，另起炉灶，或随意发挥。不要仅看题旨，要看内容，要通读全文。

注意事项：

1. 明确文体，确是文体不明，适当扣分。

2. 缺标题，扣2分。

3. 字数不足800字，每少50字扣1分。不足400字，20分以下。

4. 错别字。一字1分，上限5分。错字太多，其他项也会扣分，影响表达。

5. 标点。点实点，标题后加标点，一"逗"到底或者标点模糊，扣1到2分。

6. 规范现代汉语。不能用繁体字，不能用甲骨文。含义不清、流传不广的网络用语，酌情扣分。

7. 套作。所谓套作，即主题万能化。适当扣分。

8. 抄袭。一字不改，照搬原文。"基础等级"在第四等之内评分，"发展等级"不给分。

看着量化得如此具体的答案，我感觉如果自己亲自写作文，45 分也难。我是第一次看这么清晰的作文评分标准，一篇作文就是从字、词、句、篇、语、修、逻、文八个方面考查一个学生对语文的掌握程度。过分的自由量裁，反而会造成投机之风。

第二十二章　未来学习已经升级成一种"构建知识"的智力游戏了

高校教师资格证考试结束后，很久我都没查分数。为何？忐忑不安！

没有刷过题，考试时卷子发下来时发现有一半的题没有见过，我顿时紧张起来。先是将卷子从头看到尾。糟糕！最后一题是法律法规方面的。这部分的内容由于时间太紧，我几乎没有看。但是，人过四十有了足够的考试经验。我先将会的名词解释、问答题一一做出来。接着做单项选择题，回忆目录。之后做多项选择题，这时，背诵时的对比法就用上了。我将多项选择的题反复看，回忆我在背书时关于皮亚杰的认知发展阶段理论和埃里克森的人格发展理论的比较所列的表格。皮亚杰将人分为感知运算阶段、前运算阶段、具体运算阶段和形式运算阶段，埃里克森将人分为婴儿期、儿童期、学龄初期、学龄期、青春期、成年早期、成年期与成熟期。虽然分法不一样，但是大致理论是一样的。虽然理论依据不一样，但是逻辑思维是一样的。调动一切思维，多项选择题做完之后，我发现最初不会的问答题就答得差不多了。剩下真不会的，怎么办？往上抢吧！抢，得有一个限定范围呀！我想起来背诵的扉页上的二十多个基本概念中的专业术语，在这几个词语中腾挪跳跃。我出版过好几部长篇小说，创造力还是有的。因此，先将卷子答满的主意拿定后，就是答什么内容了。限定的词语有了，就看怎么组织语言了。深呼一口气，我迅速将不会的题用专业术语给写满了。最后一大题，一个体育老师体罚学生，学生没有上报学校，而是在社会上找几个人将体育老师打伤了。法律法规没有看怎么办？答！老师体罚学生不对，违反了《教育法》。学生找人打老师更不对，违反《社会治安管理处罚条例》，严重的要负刑事责任。对于这些不专业的问题，用社会常识答。结束铃声响时，总算将卷子答满了。

　　"考试过去这么久了，怎么不查一下成绩？"妻子问我。"好像还不到公布的时间吧！"几次搪塞，拖到 12 月 14 号，妻子将我的身份证找出来，登录河南教师资格网。"特别提示：河南省 2020 年下半年高等学校教师资格证考试笔试成绩合线为 70 分。你的笔试成绩为 92 分。""呀！老公，你不刷题能考这么高的分？"妻子有点不相信。"怎么了？只要认真看书，不刷题就不能考高分了？"我假装自豪。其实，我也意外。满分 120 分，六门课只认真地看了两门，不刷题能考这么高的分，我对自己的成绩满意得意外！

　　回忆当时考试的过程，我想到了在教材中学习的"构建学习法"：1. 知识不能准确地表征现象，也不是最终答案，只是一种解释、一种假设。2. 知识不能精确概括这个世界，不能拿来就用，需要我们根据具体情况重新构建。3. 尽管语言符号赋予了知识一定的外在形式，得到大众的认可，但是不同的人会有不同的理解，这是由每个人的经历和教育背景决定的。这时，我发现课本知识只是对各种现象的较为可靠的假设，而不是解释现实的"模板"，不是预先决定了的东西。是呀！学习的本质就是根据自己的知识结构，不断构建自己知识系统的过程。我想起《时间简史》的作者霍金在普林斯顿大学读研究生时，霍金的老师给他一本书《统计物理学》，让他看一看后写出自己的体会。霍金看后没有写一个字，而是给他老师指出了书里的错误。

"考试是有技巧的，先弄懂每一科的专业术语，进入这个专业的门槛，而后再死记硬背十几个基本概念，为这门学科定下桩子。最后，根据自己的理解拆解书，让自己彻底地理解后，构建自己的学习体会，而后组装成自己需要的知识框架。由于平时在书院讲课时，经常给学生们讲记忆力、理解力、思考力这些内容，这方面的书平时看得比较多，我本科就是学应用心理学专业的，尤其是疫情期间我又看了一百多本心理学方面的书，在学习课本的过程中我能让目录先记在脑海里，再根据自己的记忆习惯整理一遍……"我在纸上写下自己的心得后，兴奋得睡不着觉。"唉！如果我三十年前能总结出这样的学习方法，考不上清华北大，也得考个'985'！"感慨之余，仍兴奋得睡不着，打开电脑写下《学习的本质》这篇文章。

学习的本质

一

《假如给我三天光明》的作者海伦·凯勒是一个聋盲人，既看不见，也听不见。但是，她想上学，想学习，想成为作家。家人为她请了家庭教师安妮·沙莉文。教这样一个学生学习有多么难？沙莉文费尽心机……一天，沙莉文带着海伦走到喷水池边，要海伦将小手放在喷水孔下，让清凉的泉水溅在海伦的手上。接着，沙莉文在海伦的手上写下"water"这个词，那一瞬间，如若黑暗中一道光亮在心里闪过。海伦突然明白，水是流过她手的一种物质，任何物质都应该有一个名字。

任何事物都应该能表述出来，这就是概念。概念是学习的基石。学习就是对概念的运用。对概念理解后，才能改变特定推理，转变观念和认识，修正自己看世界的方式和对世界提问的方式。

比如一个没有上过学的人，你怎么跟他说地球围绕太阳转，他也不明白；你怎么告诉他，死海人跳进去不会下沉，他也不相信；足球上画个三角形的面积能算出来，他也不理解。

知识是什么？是这一堆概念的组合。我们把这些基石概念弄明白了，一切问题都迎刃而解了。

二

现实世界是混沌的、综合的。为处理真实世界中复杂的问题，我们需要适当地将世界简化，将比较难以理解的物理事实安置到一个相对比较适合的、更容易理解的抽象世界中。

这个抽象世界存在于我们每一个人的脑海中，我们用语言把它表达出来，用图画绘制出来，用文字描述出来。

例如，我们看的地球仪、研究的地图、学的地理知识，和现实的世界一回事吗？我们把这些抽象的表达——绘画与文字，理解为人类创造的知识。但是，现实世界是由一个个分子组成的。抽象世界的知识是由一个个信息碎片组成的。

我们如何理解这些碎片？

这好比是拼乐高。给你一块块碎片，等你拼出来一架飞机、一艘轮船时，才恍然大悟。拼不成时，我们是困惑的、沮丧的，甚至是愤怒的。

其实，将这些碎片拼在一起组成什么的思路，就是我们理解世界的方式。这个理解世界的方式就是知识。

三

学习是一种本能。

不仅人学习，动物也学习。动物从小得跟着父母学捕猎技巧，否则无法独立生存。动物的学习能力很强。有些动物的技能人都无法超越。例如，蝙蝠不用眼睛看，用超声波。人们据此研究出了雷达。

学习是一种需求。

动物没有理想，它就想吃饱，满足生理上的需求。人不一样，人有理想。我想当王，我想成为科学家，我想成为数学家，我想成为厨师。

这时，知识是一种媒介了。你通过学习这些前人总结的经验，通过文字，通过老师的言传身教，成为科学家、数学家。

吃，任何动物都会；做饭，只有人会。这就是人比动物高级的原因。

会做饭的人不一定是厨师，更别说名厨了。名厨通过学习食物的分类、属性，运用技巧，做出美味来。我们切菜容易切着手，厨师切菜整齐、均匀，而且又非常快。为什么？技能是训练出来的，靠专用方法训练出来的。什么方法？右手持刀、左手按菜时，用指关节顶着刀快速地向后退，而不是伸出五指按。这既是经验，也是知识。

学习是一种智力游戏。

有一种学习，到出神入化的程度就不是为了使用，而是智力游戏。比如骑自行车，目的是省力，提高效率，会不会"大撒把"，影响不大。但是，能不能"大撒把"却考验一个人的勇气和平衡能力。

有些竞赛难题，转七八个弯才能解出来。现实中没有必要，也用不上。为什么这样出题呢？智力游戏，考验人的思维。

迈克尔·桑德尔说，学习的本质不在于记住哪些知识，而在于它触发了你的思考。

德国心理学家科勒做了一个实验，他把一根香蕉挂在天花板上，然后观察黑猩猩如何学会把箱子摞起来，爬上去拿到香蕉的。但这些黑猩猩似乎不了解"摞"这一行为，它只会爬上一个箱子，仍拿不到香蕉后，就坐在箱子或躺在箱子上。偶尔，会站在箱子上跳着抓香蕉，仍不行，就放弃。

心理学家后来将这个实验进行了改进。实验人员把黑猩猩和3至5岁的儿童放在一起，教他们把积木摆放成L形，摆好后得到奖励。实验人员偷偷地用不平的积木换掉原来的积木。当黑猩猩和小孩试图把它们堆起来时，它们总会掉下来。黑猩猩坚持了一会儿，为了得到奖励一次一次尝试和犯错，最后都失败了——但它们却没有停下来检查那些不平的积木。作为人类的小孩在这个经过改进的实验中也失败了（实质上是无法完成的）。但他们不是简单地放弃了事，他们会检查这些积木，试图找到问题所在。

人类在进化中之所以成为食物链的最上游，主宰地球就缘于此：从很小的年纪开始，人类就开始寻求答案；我们思考，我们问为什么。

任何小孩子从四岁开始，都喜欢问为什么。心理学家弗兰克对一个四岁的小孩子观察了四天，发现他问了四十个为什么：人为什么长眉毛？妈妈为什么不长胡子？鸟儿为什么会飞？……

全世界的小孩子问问题时，尽管语言不同，声调不一样，但是在提问时都用一个相似的升调，如同全世界的语言呼叫母亲时绝大多数都叫"妈妈"一样！

四

上学都会遇到考试。考试都有分数，分数就有高低，高低就有排名。排名就有比较，比较就有压力……考试是学生们最讨厌的事。应试教育的缺点是唯分数论。上学不考试，多好！如果上学不考试，就没有对学习进行检测。没有检测的学习，你学到的知识都是幻觉。

学生不可能汲取老师教的所有东西，否则也就不会出现考试的及格线了。学习者只能接受很少一部分灌到他喉咙里的美味知识，其他的都要自己吸收。

考试不是为了获得学生的分数，而是检验每一个学生的学习能力。考试是运用学到的知识和思维去解决问题。学习能力也不是选拔人才的标准。创造能力才是应试教育存在的必要性。因为只有学习能力强的人才可能有创造力。

五

学习问题都是心理问题，学习障碍都是心理障碍。

低层次的努力，是看起来很努力，却不喜欢思考、提问为什么的人——对于事物没有什么看法，又急于达成目标所做的一系列费力不讨好、自欺欺人的无用功。

努力本身就是一种天赋，是一种习惯。真正的努力是应该明白自己在做什么，又能时刻投入在当下和其中的自控力。

较真的学习是世界性的难题，非有坚忍不拔之志不能完成。

看不到结果的练习，等于没有练习；刷题不提分，背书记不住，等于白刷，没背。肌肉时时练，练脑子每天两个小时够了。

学习的基本原则是要钻研事物的微观细节，从而理解什么促进了宏观的形成。训练宏观视野，借以明白微观世界可能产生什么样的变化与转化。

这就是世界发展到现在，宏观研究到宇宙的起源了，微观研究到量子了，但是对于如何快速提高成绩，仍没有灵丹妙药的原因。

六

真正的教育是激发孩子内心的追求，最有用的教育方法是使学生们彻底地理解一些基础原理，并能将这些原理运用到各种不同的细节中去。

专家与普通人的区别就是，知道知识的条件性。

人，只有懂得知识的限制性，才是学会了知识的运用，并有可能将知识在运用熟练后简化、整合上升到智慧层面。

第二十三章　家庭教育的第一要务是价值观的传递

2021 年的春节，比 2020 年的还让人难以忘记。

2020 年，河南的疫情是猝不及防。2021 年，却是让人防不胜防。高三学生的时间不是论天算的，而是论小时算的。为了让学生们多学两天，七中决定高三的学生在整个学校放假后，再留下来补三天课，争取一天是一天，争取一分多一分。张阔提前也给我们打电话，说年二十九才放假，2 月的 8 号、9 号、10 号继续留在学校补课，并且学校规定，放假也不能离开郑州。否则，要上报到学校，每天在钉钉上打卡，防止疫情扩散。作为家长，我们百分之一百地理解。学校的老师替我们管，省心了。

8 号，我像往常一样五点半起床，看《思维简史》，重点研究伽利略如何提出加速度这个概念与牛顿的微积分思想诞生过程。因为，我清楚如果一个人不能改变其思维方式，很难成为一个真正的高手，也很难真的对学习感兴趣。人，好奇心被激发后，自然就有了学习兴趣。无论是伽利略或者牛顿，他们都想解决前人解决不了的问题，有一个什么事都想弄明白的好奇心才使其成为科学巨人的。正看得兴趣盎然时，妻子说，张阔打电话，让我去接他。"不是在学校补课的吗？""学校接到教育局的通知，全体学生一律离校，不补课了！"妻子半是惋惜半是高兴地说。"叫个网约车或打车吧！"我不喜欢开车。"张阔让你在任寨北街的966站牌接他！""这孩子真省事！"张阔从上小学到高三，我们从来不接不送。若不是假期放假有被褥，我们仍要求他独来独往。

早上七点，在966站牌下等了半个小时，一辆966过来了，张阔抱一摞子书下来了。我上去接他的书时，张阔说："我的两个包在阿姨手里。"一个五十多岁的妇女将张阔的包递给了我。感谢之余，我拎着两个包，他抱着一摞子书往家走。"怎么样，阔阔，原本说放假三天的，这次成十天了，高兴吧！"我打趣儿子。"高兴一小会儿！今天回家玩一天，明天去书院学习。""在家不行吗？""家里太暖和了，不利于学习。放假也不能松懈。人只要松懈，每一科掉下来个三五分，非常容易。"回来之前，班主任王继夫反复给他们耳提面命地说了多次，张阔自然记在心里了。

我晚上睡觉前第一件事想急需要处理的事，再次是想自己手头的几部书稿与当下读的书，最后想明天早上的微信发什么内容。我不喜欢发乱七八糟的内容：什么吃喝玩乐、到此一游、心灵鸡汤类的感慨，我不想让别人关注我个人，用过剩的信息干扰别人，只发自己的所思所想，希望给别人提供有价值的东西。早上，五点半醒来，一刻也不贪床地起来洗脸，泡茶，发微信，然后看书。张阔听到我起来后，也紧跟着起来了。洗漱结束后，提出来要去书院。

"这么早去？"我第一次早上六点多去书院。

"去吧！早点去，早点进入学习状态，像在学校一样！"张阔的要求合情合理。

我俩将要复习的资料整理好后，在寒风料峭的天气六点半骑着电动车去书院学习了。我相信，这一刻在郑州应当算是一道风景。

"立大志，下笨功夫和举重若轻"是我的座右铭。一个人如果没有志向，根本上就无所适从，不知道该干什么。下笨功夫，好多自认为聪明的人不会下笨功夫，笨人才下笨功夫。事实上，能下笨功夫的恰恰是聪明人，投机取巧者耍的都是小聪明。

举重若轻，一方面是个人实力问题，另一方面是人生态度问题。体操运动员的姿态优美，是因为他的力量大，一只手就能撑起自己的身体。做事一样，有十分的力量做七八分的事，自然得心应手，风度翩翩。问题的关键是，大多数人是不知道自己有多大的实力的，才有了民间的谚语：戴帽子不知道头大小。一个人不经历事，怎么知道自己的实力呢？必须比别人付出的时间多、精力多、成本多，付出多，未必一定就收获多。付出多收获小时，不要抱怨，而是学会自嘲。

十年前的夏天，带着张阔去省体育馆学游泳，出门时我告诉他："儿子，带上水。""不用！"张阔爽快地回答。"为何？"我有些不解。"游泳池的水，免费随便喝！"张阔的自嘲一直伴随他一次次经历的挫折与坎坷。

"笨鸟先飞一会儿！"大年三十早上六点就爽利地爬起来的张阔跟着我

去书院学习，看着黢黑的楼道，我拍两张照片发在朋友圈："家里有暖气，人容易困倦。早上六点半陪儿子到书院学习。学习是一种精神劳动。有精神追求的人，才会真的爱学习。"几十分钟后，几十个点赞的，包括一直喜欢张阔的七中老师。实际上，我最不喜欢在朋友圈发儿子的情况，有点自卖自夸之嫌。今天，之所以忍不住发出来，我是想告诉身边的人，真正的学霸都是真的爱学习。真正的聪明人都是懂得下笨功夫的人。

下午三点，我俩从书院回家。"除夕，我先和任伟奇玩一会儿。晚上不看春晚，将积攒起来的十余集《进击的巨人》一次性看完。"张阔追剧，追得很克制。

"行，只要你妈同意。"我怕妻子看春晚不同意。

"老爸游说一下老妈嘛！"张阔的理科生思维，随着年龄的增长越来越成熟了。

世上的很多爱，就是妥协或者牺牲。妻子用手机在卧室里看春晚。我多年不看春晚了，十点钟就瞌睡得不行，直接睡了。张阔一个人在客厅里看《进击的巨人》。初一早上，我仍五点半起来，思忖一会儿发了一条微信："人过中年，这么拼地读书为了什么？有人问我。为名？为利？为了追求真理？为了满足好奇心？我想了想，觉得都不是。""为了睥睨万物的傲气！"一个评论我文章的人如是说。

张阔看《进击的巨人》到两点，我不忍心叫他起来。九点半后，他起来洗漱，我告诉他初一要到朋友家聚餐。"今天我不出去了，一个人在家将睡懒觉的学习时间给补回来。"张阔的回答无懈可击，只能由着他。

初二，我带着儿子去同学家聚餐。二十余口人在别墅里那个热闹。同学家有一台三角钢琴，张阔寒暄一会儿，就坐在钢琴前弹琴。我同学的孩子也学钢琴，张阔边弹着边指导她如何把握节奏、如何改进指法、如何理解曲子，很是自我陶醉。

"张阔，高考结束后的暑假，你有什么安排？"午饭开始后，同学问张阔。事实上，我同学的本意是说，暑假没有学习任务，张阔能不能教他小女儿弹钢琴。

"暑假先出一趟国，然后预习大学的课程！"张阔平淡地说。

"预习大学的课程？"我同学眼睛睁得像铜铃一样，"为啥？"

"知识这东西，都是用时间换来的。"张阔坦然自若地说。

"我第一次听说高考假期预习大学课程的。百分之九十九的高三学生都会说疯狂地玩一假期。"其实，我对张阔的无心之答也感到意外。

"你也是七中毕业的。高考后，你是怎么安排暑假生活的？"我同学问身边的一个大学生。

"报复性地玩呗！"

"咳，看一看你们的学弟。高考后的暑假要预习大学的课程。什么叫学霸？这就是学霸！"我同学的夸奖让张阔不好意思，低着头吃饭……

事实上，价值观的传递不是家长一味地给孩子说教，而是告诉他该做什么，不该做什么。

中招前的两个月是七中乐团最忙的时候——毕业会演、各种参演比赛，排练不仅比平时紧张，活动也非常的密集，自然影响孩子的中招复习。乐团文化成绩不错的学生一旦不以音乐特长生身份参加中招，乐团管理自然失去了约束力。吹单簧管的刘凡（化名）最典型，决定用文化课考高中后，第二天就不参加乐团的活动了。但是，九年级的学生是乐团的中坚力量，经过三年的演练相互配合得比较默契了，在会演比赛中发挥着重要的作用。为了给乐团画一个完美的句号，乐团负责人尹老师找到刘凡说："你的乐器在乐团中很重要，比赛不能没有你。""嗯！"刘凡没有当面拒绝，排演时却不去。对于文化成绩不错、排练又比较认真的刘凡，尹老师抱有很大的希望，又主动找到刘凡家里。"我要以文化课考外国语高中，排练太浪费时间了，我不能参加乐团的排练与会演了。""你的文化课成绩那么好了，不在乎这几天呀！但是咱们乐团参加市里会演，没有你这个单簧管不行呀！"尹老师恳求地说。"那是乐团的事，和我没有关系了。"刘凡说完进卧室，不出来了。尹老师那个火——三年培养出这么一个忘恩负义的学生。

张阔给我转述刘凡的情况时，多多少少有点幸灾乐祸。"张阔，你有什么想法？"我问他。"我不以音乐专业考高中了，是不是也可以不参加乐团的排练了？""不行！你不但要参加排练，即使上了高中也得参加乐团的排练。""为啥？"张阔诧异地问。"因为七中乐团培养了你。尤其是尹老师那么看重你，得有感恩之心！"张阔参加中招前，因为文化课成绩优异已经被保送七中高中部。"我上高中后学习那么紧张，为什么还要到初中部参加乐团的排练？"张阔有点不解。"你的钢琴弹那么好，为什么尹老师让你学吹巴松？因为巴松太难学了，对乐理知识与身高都有很高的要求。你吹了三年巴松才在乐队中崭露头角，下一届的巴松手因为基础的原因在乐团里暂时挑不起大梁。你不参加排练与演出，是不是乐团的一大损失？"我开导儿子说。"下学期我上高中时已经不是乐团的人了，还得参加乐团的排练与演出？"张阔有些委屈地说。"是的，七中乐团不计成本地培养了你。鸦还有反哺之义呢，何况人呢？同时只有这样，才显示出你与刘凡之间的差别及人与人之间的不同！"我一板一眼地对张阔说。张阔有些懵懵懂懂地看着我。"人这一生能耐的大小不仅是本事上的差别，更多的是人品上的差别。"见过经过的事多了，我一直期望张阔做一个有大格局的人，做事不要算计得失，要考量对错。

果不其然，刘凡没有参加乐团最后两个月的排练，把一切时间都用在学习上，但其中招成绩也并不理想，比张阔低了二十多分，自然也没有考上外国语中学。张阔或许是看到了这个眼前的事实，或许是弄明白了我给他讲的道理。上了七中高中部之后，每周五下午从高中部回到初中部参加乐团排练。坚持了一个学期，直到九年级的巴松手在排练中能独当一面后，张阔才不参加乐团的排练了。惹得尹老师在不同的场合表扬张阔："这孩子不但学习成绩好，钢琴弹得屡获大奖，巴松吹得成为乐队中坚力量，还非常有情有义，懂得感恩。"

其实，她不知道我给张阔灌输的思想：自私的人是没有未来的。很多人认为自私是人的天性，只是人不愿意付出而已。事实上，在我的理念中自私不仅是自私自利这一种概念。懒惰是一种自私，不愿付出精力努力学习也是一种自私，说话做事不考虑别人的感受同样也是一种自私。

第二十四章　聪明的父母站着说话时也要装腰疼

高考的百天冲刺，孩子会出现三种情况：第一种是平时学习很勤奋，知识掌握比较扎实，一百天时间就是拾遗补阙。这时会信心满满、磨刀霍霍。第二种是学习成绩一般，面对纷至沓来的天天考试，发现很多知识没有掌握，越考越心虚，越考越焦急，急到做梦都是错题，上厕所就遗憾哪一点没有想到，懊恼到抓狂的程度。第三种是平时学习比较差，目标定得也不高，补副科吧，这样提分快。当然，吊尾的学生对高考是另一种思考方式，没法讨论了。

张阔高三第二次模拟考试的成绩下来了，总分639分。理综一塌糊涂地考了258分。"孩子的高考成绩怎么下滑了？"妻子看到学校的通知后，有些担心地说。

"不用担心，二模的题肯定比一模的题难得多。目的是为了让学生适应各种考试。"我劝慰妻子说。

"为何李世祥仍是第一，成绩考得和一模差不多？""那是他能适应各种考试，说明实力也强。"这么多年，我们养成了实事求是的精神，从来不回避问题。更重要的是，我清楚一模成绩几乎代表了一个高考生的实力，故张阔回来后，我根本就没有问他二模的成绩如何。

他感觉到了我们故意维护他的自尊心，主动说："语文老师给我说了，高考前两个月对我们加强训练，作文提个五至八分不是问题。选择题再刷刷题，找找感觉，也能提个五分八分。"

"好！听你老师的。你语文老师教多年毕业班了。"

有人问，什么时候你感觉时间最快。以前，我会说是春风得意的时候。现在，我会告诉你是儿子高三的时候。一眨眼，一个月过去了。我们对二模成绩的担心还没有消化完，三次模拟成绩出来了，是 655 分。

"这个成绩考不上什么理想的学校呀！"妻子担心地说。

"三模离高考已经很近了，考试的目的是查漏补缺，分数没有多大的参考意义了！"我劝慰妻子。

"但是……"

"别但是了，想想你上高中的这个时候是什么状况吧！"我不喜欢做无意义的讨论，就转移了话题。事实上，我内心和妻子一样，只是不想讲出来而已。同时，我清楚现在有多少高考生的家长比我们还要焦虑。但是焦虑有什么用呢？靴子没有落地之前，所有的担心、烦躁、焦虑，除了给孩子增加心理负担，于事无补。张阔回来，我和妻子约定不和孩子讨论成绩的问题，甚至连"考试"这两个字都不提。

"孩子，这一个星期心情怎么样？"送儿子坐公交车的路上，我和儿子聊天问。

"越临近高考，学习效率越低！"张阔气馁地说。

"正常，大部分学生现在越来越担心成绩，反而没有心思学习了。满脑子是成绩考砸了怎么办，有时想着想着会失眠。我上学时，有的学生在最后一个月焦虑得整夜失眠，患上抑郁症的都有。"我安慰儿子说。

"是呀！我们学校也有！我们班就有一位同学已经不在学校学习了。只要家人帮助请假，学校怕出事，一般不阻拦。"儿子情绪低落地说。

"我听说有些同学是心理出问题了，有些同学是偏科严重，到校外恶补去了。"有家长在群里讨论过这种情况。

"唉！这个时候补有什么用呀！说实在的，现在我每天能高效率的学习时间不超过两个小时，其他的十几个小时都是疲于应付！"张阔伤感地说。

"儿子，每天有两个小时的高效学习就很不错了。闭上眼睛，将学的知识通过一个知识点梳理一遍，最好能跨学科地融会贯通，这就是复习的意义！"

"是呀！这两个小时，我学到得意时，有时会学乐了——以前怎么没有这样想过？以前怎么就这样联系不起来呢？以前为什么没有这么清晰呢？"

"乐就对了，那是消化吸收的心理感觉与发现知识变化带来的快感！"我高度赞同孩子的心理体会。因为，家长这个时候能给孩子带来什么？最好的就是安慰与精神鼓励。事实上，高考前目标越明确的学生，压力就越大。因为，他知道自己想要什么，也想过如果达不到自己的预期会有什么样的后果。

4月30日下午,张阔突然无征兆地回家了。中午应酬,我睡得昏昏沉沉的,听到门响也没有起来。五点左右,我妻子从单位回来了,进门劈头盖脸地问儿子:"张阔,你怎么回来了?"

"学不进去了,就回来了!"儿子一脸无辜地说。

"学不进去了,再有一个月就高考了,这时你学不进去不是麻烦大了!"妻子的语气中不由自主地夹杂着气愤与不可理喻。

"天天在学校十五六个小时没完没了地学习,学不进去不也很正常嘛!"儿子也带情绪地回应。听到情况不对,我赶紧起来。

"马上就高考了,你儿子学不进去了!"妻子冲着我嚷。

"是学不进去了,还是不想学了?"我去卫生间洗把脸。

"我看是不想学了,班主任王继夫老师给我发短信说,最近,张阔学习不在状态,让他回家休整一下。但愿,我的担心是多余的。这不是不想学了吗?"妻子越说越气,说着说着嗓门也大了。

"谁不想好好地学呀!只是暂时遇到了一点心理困难罢了!"从洗手间出来,我示意他到书房,"儿子,你妈不在,有什么想法给我说说呗!"

"不为啥,就是学不进去了!"儿子看了我一眼,牵强地说。

"唉!阔阔,咱俩这关系,还有什么不能说的呢?"我和儿子套近乎。

"我……"儿子嗫嚅了一下,向门外看了眼后才不好意思地说,"我想给我喜欢的那个女孩写封信!"

"我猜对了吧!我猜对了吧!你儿子根本不是学不进去了,而是不想学了。"在书房外的妻子进来了,一脸愠怒地说。

"想写一封信不也是人之常情嘛！"尽管我也是心里咯噔一下，但是我清楚这个时候绝对不能和妻子站在一起。

"再有一个月就高考了，满脑子还想着那个女孩，是不是太荒唐了。"妻子脸涨红起来。

"荒唐啥！人能管住自己的想法吗？当年，咱俩谈恋爱时不也是这样吗？"我揶揄妻子。

"你！"妻子被我噎得一句也说不出来了。我见自己的目的达到了，转脸对儿子说，"想一想咋了，又没有犯法！"

"我只是想给她写一封信，咋了！"

"是呀！不就是写一封信嘛！两个小时就写完了，有什么可怕的！"我随声附和儿子说。

"你呀！无原则地和孩子站在一起吧！"妻子已经觉察到我的策略了，仍表现得气哼哼的。

"写了吗？"我转头和颜悦色地对儿子说。

"没！"儿子灰头土脸地说。

"咋，写个信那么简单的事，值当从学校跑回来吗？"我装着不解。

"写信是简单，但是我怕耽误她的学习，才纠结得学不进去了！"

"你知道怕耽误对方学习，还纠结个啥哩！"我用河南方言调侃儿子说。

"但是，离毕业只剩一个月，再不写就没有时间了！"儿子轻蹙一下眉说。

"高考结束后，有大把的时间，怎么会说没有时间了呢？"

"那时，我们各奔东西，谁知道谁会考到哪个学校呢？"

"噢！你担心这个，就写呗！"

"怕耽误她学习呀！"儿子有些急了。

"既然怕耽误别人学习，就不用写了嘛！男孩子喜欢女孩子，一般情况下不耽误学习。女孩子如果喜欢上男孩子了，成绩往往会搞得一塌糊涂。她的成绩本来就不在全年级前五十名，你写信一影响，下滑得更厉害了！"

"所以，纠结嘛！"儿子叹了一口气说。

"你理性上清楚不该给她写，感性上又控制不住自己。"我诱导儿子。

"所以才纠结嘛。"儿子无力地说。

"一个男孩子的理性控制不住自己的感性，是纠结吗？"我反问。

"不是纠结是什么？"儿子不解。

"一个人的理性如果控制不了感性，不是纠结，而是软弱！"

"软弱？"张阔听得一怔。

"是呀！试想，如果有一天你当上将军了，指挥几十万人打仗，你理性控制不了感性……"我知道有时候人与人之间的谈话，其实就是一种攻心战。没等张阔反应过来，我接着说，"熟悉司马懿吧！诸葛亮因为后勤补给跟不上，要求和司马懿速战速决。司马懿善守不善攻，坚持不出。诸葛亮为了让司马懿失去理性，故意给他送女人的衣服戏弄他。曹营的许多大将都义愤填膺，要求与诸葛亮决一死战。司马懿不但不怒，还穿着女人的衣服隔着河给诸葛亮唱一出戏，最后将诸葛亮熬得油尽灯枯。这就是司马懿强大的原因！"

儿子被戳到软肋了，沉默了足足十分钟后说："爸，你说该咋弄呢？"

"你觉得自己该咋办呢？"我反问。

"陪我看一场电影吧，我想再看一遍姜文的《让子弹飞》。"儿子有些崇敬地看着我。

"好吧。"此时，我已经清楚儿子有自己的解决办法了。

《让子弹飞》真是一部了不起的电影。事后不久，张阔在一次读书分享会上还说："《让子弹飞》应该列入非物质文化遗产。"足见这部电影对他的影响。那次也是一样，已经看了不下三遍的张阔对姜文的表演非常崇拜，不仅因为其中"世上本没有路，有腿便有了路"、"他要是体面，你就让他体面。他要是不体面，你就帮他体面"的金句，而且整个故事情节的劲道与超越故事的精神升华给他带来了力量。

"张阔，可以回学校继续拼搏了吧？"我试探着对儿子说。

"行了，身上有劲多了。我洗个澡就回学校！"张阔果真心情大变。

"赶紧给儿子叫个网约车，以免误了回寝室的时间。"我清楚一鼓作气的道理，一晚上也没有让儿子在家休息，直接返校了。

高考最后的一个月，对许多学生都是一种煎熬，张阔也不例外。正如他说的，每天有两个小时的高效学习——对学过的所有知识系统融会贯通就很了不起了。大部分时间要么刷题找感觉，要么是找老师聊天，缓解焦虑。张阔的任课老师都是带过多年毕业班的、经验丰富的老师，见学生借问问题的理由找来了，开门见山地对学生说："聊点能让自己高兴的事吧！"更甚者是班主任王继夫老师，最后一个月更是十分佛系："高考本就是几家欢喜几家忧，但考好考坏谁又说得准呢！考好了，欢呼雀跃；考不好了，大哭一场，复读一年。"高考最后两天，王继夫老师竟然"宣称"："同学们不要焦虑，该吃吃，该睡睡。即使睡不着也不要担心。两天两夜不睡觉，只要平时学得知识扎实，不耽误临场发挥。"天呀！多有经验的老师才能善良到如此睁眼说瞎话的程度。

事实上，高考这两天，张阔也异常焦虑。第一天四点半，我听见他醒后在床上辗转反侧到五点半起床，我也跟着起来了。张阔书也不看了，洗个澡，就坐在阳台上发呆。我做好早餐，两个人吃着饭，尽量避开考试的话题。看着表到七点，我送他去考场……第二天，张阔仍是四点半起床。我和妻子约定，绝不问他第一天考得怎么样，免得孩子有精神压力。要出门时，张阔声称不让我送了，自己可以打车去。"孩子，我内心也清楚帮不上什么忙。但是，我会让你感觉到父亲在你身后！"

我的这一句话，说得张阔眼圈发红……

第二十五章　坚持理想的孩子才能走得更远

高考结束后，很多朋友问我："张阔考得怎么样？"我说："这个说不准呀！""估分是多少？""估分，考砸了 630 分左右，能上哈尔滨工业大学。正常发挥，660 分左右，能上中国科学技术大学。超常发挥，690 分左右，能上北京大学。"

其实，高考前两个月，我做梦张阔考了 692 分，七中的学校领导给我们一家做工作，让张阔报考北京大学，但是必须同意调剂专业……"我觉得 2021 年河南的高考成绩不会像 2020 年了，700 分以上的 179 名。"一次闲聊时我就暗示张阔，"如果考 690 分左右，上不了北大物理学专业，分数低的医学专业，考虑不？""劝人学医，天打雷劈。"张阔还戏谑我说。

七中初中部的春玲老师一直觉得张阔有数学才能，高考一结束就叫他到学校辅导学弟学妹们的数学。6 月 13 号，张阔九年级时任班主任的曹万勋老师给我发微信说，七中的领导给他布置一个政治任务，让张阔 6 月 22 号代表学长登台给学弟学妹们做经验介绍——初中的生活经历和最后的复习，再介绍高中三年的经验，尤其是高一学期自己的反思和总结，并再三嘱咐我，一定要我这个作家父亲多帮助张阔梳理思路。

"高考成绩还没有出来呢，张阔这时候登台演讲，会不会太张扬？"妻子担心地说，"儿子万一考砸了，会不会很丢人？"

"不要把个人荣辱看那么重呗！"我劝妻子。

"不把个人荣辱看那么重，你让儿子回老家，他以高考成绩没有出来为由，坚决不回！"妻子说。

"也是哦，儿子回来之后，征求他个人的意见。"这时，我也拿不定主意了。意外的是，张阔不仅爽快地答应了，还连夜将演讲稿都写好了。

我的学习方法

亲爱的学弟学妹们、老师们：

　　你们好！

　　我是郑州第七高级中学19届毕业生张阔，刚刚经历了高考。得知各位同学将要踏上中招考场，回忆起我三年前在这个校园的情景，可谓历历在目。我的初中生活可以说是最快乐的时光，因为我需要每天弹钢琴，经常吹大管，周周有排练，月月有活动……中招前的一个月，我将所有做过的卷子又翻了一遍，错题本认真又做了一下，思考自己错在哪儿了，有哪些知识盲点。重点复习一下又投入了乐团排练的事，考的成绩不错。

进入高中之后，我才知道什么是紧张。咱们第七高级中学在河南也是赫赫有名的。外地市顶尖高手、外国语的学生、桐柏中学的尖子生……汇聚在一起时你会发现学习不仅是对知识的获取那么简单了，更是一场智力游戏。尤其是高一九门课，各科老师都拼命催作业，这需要你有策略，运用学习方法，懂得思考的重要性。我父亲不仅是一位作家，也是一个文理兼通的学者。他告诉我："学习是一个学习能力问题，不能只靠态度，学习方法与思维方式同样重要。"高一时我已经决定学理科了，所以我的作业排序是数学第一，物理第二，其他看心情……因为，父亲经常告诉我：没有逻辑，再多的文字堆在一起也是文字垃圾。数学的本质就是逻辑学，而物理是大自然中从现象到本质的最佳通道，代表着一个人深度思考的能力。英语就是重复记忆，再多的记忆法也比不上下笨功夫……高中三年下来，根据这个方法我也能在全年级一直名列前茅……

"年年岁岁花相似，岁岁年年人不同。"亲爱的学弟学妹们，随着岁月流逝，日月交替，该你们走进中招考场，接受人生第一轮竞争检阅了，作为学长，我有几点经验与大家分享：

一、没有整体知识观，就没有具体的灵活运用

事实上，九年义务教育学习的知识非常有限，用我父亲的话说，都是公元前的知识。数学公式连小学的加起来才三四十个，物理定理也就二十个不到，英语单词量只有一千余个。语文除了基本的字、词、句，古文简单，作文基础。历史、地理都比较简单。

《孙子兵法》曰："善弈者，谋局。不善弈者，谋子。"这时，考前的临阵磨枪不是刷题，我们不能陷入某一个具体的问题中，而是要在大脑中建立一个初级知识模型，将各科课本翻一翻，纲举目张地清楚试卷中的题考的是哪个知识点，就能灵活运用了。否则，容易造成瞎子摸象的悲剧。所谓发挥好了，就是指从整体到局部的延伸，而非陷于一隅、动弹不得。

二、高手之争，毫厘之间

很多同学考前非常的努力，临考前还在做整套卷子。其实，这时刷卷子已经没有太大的作用了。我在中招前两天只做特定的题目。因为我清楚这时做题不是为了提升能力，而是为了维持对知识运用的熟悉程度。因为只有熟悉才很难遗忘，便于考场上清晰地提取知识，同时要注意对题目条件的敏感性。很多同学考前刷一天题，头昏脑涨的，中招时卷子一发下来，先入为主地觉得这个题刚做完，趁热打铁地先做。殊不知，现在的考试题因为有庞大的计算机题库的筛选，不可能有重复的，先入为主容易造成看错题。艺术之妙，在于变化。出题人对试题细小的变化，考验的恰恰是我们对知识的理解能力，而非记忆能力。试想，郑州前六名学校的招生分数，差距小的原因也在于此。一分一操场，一分见分晓。

三、学习是一项长期的心理活动，考试则是重要的心理测验

高平陵政变是三国时期著名的政变事件，体现了司马懿的做事风格——隐忍坚持，一击必杀。面对曹爽的步步紧逼，司马懿先是步步退让，然后采取装病的办法迷惑对手。政变前夜，司马懿安排好一切后告

诉了司马师与司马昭兄弟俩。那一夜，司马昭辗转反侧，难以安眠；司马师依然酣然入睡，平静如常。果真，第二天司马师在行动中发动了自己手中的一切力量击溃曹爽……后来，老成持重的司马师病死，司马昭因为心气浮躁留下一个典故：司马昭之心，路人皆知。

学弟学妹们，任何真正的大考考的都不是幸运成分，而是对你平常学习能力的检验，考的是对以前知识的积累与临场发挥。心理素质是个人素质的重要组成部分。基于这个原因，为了更能体现素质教育，出题人不再仅是将难题放在最后，而是放在你认为不合适的位置。这时，你被一个难题困住之后，先是抓耳挠腮，而后是生气懊恼，再后是心理崩溃，影响整场的发挥。心理素质好的人则是先将这一题跳过去，做其他试题时思考和这个难题的知识联系。等到其他题都做完了，这个难题的知识点也能联系起来，迎刃而解了。

四、大理想小目标，格局决定一切

很多同学的考前紧张，不是对考试过程的思考分析担心，而是对考试结果的担心——我考不上好高中了，就考不上好大学；考不上好大学，就找不到好工作……事实上，如果你把中招考试当作人生最重的事，就是成绩决定一切。如果你把人生当作一场考试，就是成就决定一切。你为自己活着——将来找个好工作，成绩重要；你为社会活着，将来成为一个科学家，成就重要。有了这个大格局，你发现中招考试就那么一回事：考好了，有了更上一层楼的信心；考差了，只是人生经历的一个转折点。因为，初中时期学习成绩的好坏，只检验了我们的学习习惯。高中三年，才检验人的学习能力。进入大学或者研究生阶段，拼的才是人的智力思维……

　　祝学弟学妹们考试顺利，心情愉悦！

　　我认真地看一遍后，觉得张阔的思想一天天走向了成熟。从他的字里行间，我感觉到拥有这种学习方法的他，高考成绩不会差到哪里去，悬着的心也就放下了。

　　万人期待的 6 月 25 号说到就到。中午，班主任王继夫老师发短信，让我们把张阔查分的表情拍一张照片，传给他。下午，张阔声称早点睡觉，熬到 12 点整查分数。七中高中部的刘宁主任也发微信给我说：一定要将张阔查看成绩的情况录成视频，学校要保存资料。

　　23 点 30 分，我们一家都进入备战状态。23 点 50 分，张阔的妈妈就已经开始紧张了，手机提前进入"郑好办"软件系统。我要用手机给张阔录视频时，张阔紧张得不让。"这是你老师交代的任务。"我给儿子解释说。"那……"张阔想说，成绩不好了怎么办，怕不吉利，欲言又止。

　　时间一分一秒过去了，张阔打开手机软件，全家人心悬到嗓子眼里。"691分。"紧张的张阔看到分数后，迅速而又平静地念了出来。我倒是有点意外，不仅是成绩的意外，还有和自己做过的梦如此相似而意外。妻子也高兴坏了。张阔的一模成绩才 669 分，高考这个成绩让人特别意外。我们一科一科地看，语文 134 分。天呀！张阔上高中以来，基本上都是 120 分左右，最高分数却是高考成绩。数学 149 分，和中招数学成绩 119 分，差一分满分，如此相似。

英语 142 分，在正常的波动之间。倒是理综有一点低，266 分。但是，全家人已经被总分给高兴坏了，不再思考这个问题了。我立即和在老家等分数的母亲、四哥、三哥打电话。"张阔的成绩出来了！""多少？"家人急促地问。"691 分！""呀！"手机里听到家里一阵子的欢呼。"我要为自己庆祝一下！"张阔在屋里兴奋地说。"怎么庆祝？要么，咱们一家人开一瓶红酒！"妻子热情洋溢地说。"我要单独庆祝，在金水大道上跑一圈！"张阔说着，换上鞋跑出去了。家里，我和妻子仍沉浸在喜气洋洋之中⋯⋯

6 月 25 日，对于中国人是一个特殊的日子。别说全国，仅河南省就有 125 万高考生，多少家庭在关注高考成绩。此时，朋友圈内已经开始有人公布高考成绩了。抖音上也有人分享孩子们查看成绩的瞬间视频了，有高兴得跳起来的，有兴奋得在沙发上蹦的，有喜极而泣的，有一家人欢呼的⋯⋯"儿子还在大街上暴走呢！咱们等到明天早上再发布吧！"妻子叮嘱我说。"好饭不怕等！"我给妻子开玩笑。"低调，低调⋯⋯"妻子幸福地说完，给儿子打电话问几时回来。"我撒野一会儿就回去了。你们先睡吧！"此时，张阔还处在亢奋之中。其实，我也是在亢奋中睡着的。黎明醒来，第一件事就是发朋友圈公布张阔的成绩⋯⋯洗漱完毕，已经有两百多个朋友点赞，成为我自有微信以来，点赞最多的一条。

尽管张阔实现了我给他定的高中学习目标：第一名进去，第一名出来，但高考对河南考生的残酷性，在一分一段排行榜公布后显示得一览无余。700 分以上一共有 68 名，691 分是全省 227 名。报考北京大学物理学专业肯定录取不了。同意调剂专业，最大的可能是医学专业。

"张阔爸爸吗？"我接到班主任王继夫的电话。

"是！"我亲切地说。

"领导让我给你做工作，张阔可以报考北大医学院。根据他在全省的排名情况，北京大学医学院应该没有问题。"

"王老师，谢谢你的关心。但是，你也清楚张阔的情况。他一定是要学物理专业的。估计他不会报！"我真诚地对王老师说。

"是呀！之前，我就和领导说过。张阔这孩子的主意很正。如果分数够着北大了，上不了物理专业，他也不会报北大。但是，领导让我做做你和张阔的工作，我就是和你们商量一下。大主意，还得张阔拿。"

"谢谢王老师的关心。"

"你让张阔给领导回个电话，解释一下。"

"这个您放心。张阔的成绩您作为班主任费心不少。张阔一定不会给您添麻烦的。"我向王老师保证。

"专业第一、学校第二、城市第三的报考思路是正确的。"王继夫老师的正直与善解人心，让我从内心佩服。

物理专业好的大学，第一是北京大学，第二是中国科学技术大学。但是，我倾向的是中国科学院大学。他们来郑州宣讲时，我和妻子都参加了。"虽然，中国科学院大学不是'985'，但是我们有六十四名院士、几百个科研所。2021年我们招上万名硕士、七千名博士，只招四百名本科。因为中国科学院大学从1978年开始只培养研究生。几十年下来，我们发现本科生教育也很重要，于是我们说服教育部，让我们少招一些本科生。我们会根据培养科学家的需要，培养一批科学院的嫡系部队。因此，我们的口号是：不想当科学家的孩子不要报考我们学校，不硕博连读的孩子不要报考我们学校。"老师热情洋溢的演讲一下子打动了我。

"去年，中国科学技术大学在河南招的是排在五百名的学生。中国科学院大学招的是排在一千名的学生，张阔全省排在二百二十来名，是不是屈才了？"妻子不同意。

"报考什么物理专业，能成为物理学家的有多少个？人民大学的数学与金融双学士专业是最理想的选择！"有人给张阔出主意。"浙江大学现在排名第四，报浙江大学物理系多好呀！"有的朋友这样劝。

"儿子，虽然人这一生看起来很长，其实能干事的时间很短。你既然从初中就喜欢物理，就要有成为物理学家的决心。中国科学院大学招的这四百名本科，就是照着培养科学家的路子走的。因此，如果我是你，我就义无反顾地选择中国科学院大学。"我给儿子做思想工作时，从小到大都不是用道理愚弄他，而是用事实让他思考。

"你不是想成为物理学家嘛！中国科学院大学就是专业培养科学家的地方。至于在全省的排名问题，仅是一个选择权的问题！"中国科学院河南省计算机研究院的办公室主任孙国英知道张阔的分数后，上门来游说。"是呀！国英叔现在就在中国科学院工作，比谁都清楚中国科学院大学的实力。"我俩一唱一和，说得张阔拿定了主意。

虽然我和妻子的意见不统一，但是都尊重儿子的选择。报考志愿的那天，张阔不让我俩参与，自己到网吧里填写志愿。7月1号的12点27分，我的手机收到短信：考生张阔成功保存志愿。我心里一喜，儿子听我的了。13点46分，我又收到了志愿保存成功的信息。"坏了，这孩子改志愿了。"我心里咯噔一下。但是为了尊重孩子的意愿，我忍着没有打电话。14点59分，又收到志愿保存成功的通知。"这孩子不是听别人的意见，改成北京大学了吧？"我心一揪，悬到嗓子眼了。但是，大丈夫一言既出，决不干涉儿子的选择，仅是心里沉重。为何？我怕这孩子放弃自己要做一名物理学家的理想。

挨到晚上，回到家里我问张阔："第一志愿报的哪所学校？"

"中国科学院大学呀！"儿子爽利地回答。

"不是说报中国科学技术大学吗？"妻子一听，伤心起来。

"开始，我报的是中国科学技术大学，纠结了两个小时，最后觉得还是不能放弃理想，就改成中国科学院大学了。"张阔一脸愧疚地对妈妈说。

"第二志愿呢？"我知道妻子会伤心，想着儿子会用第二志愿照顾他妈妈的情绪。

"第二志愿是北京大学！"

"等于没有报！"妻子失落得溢于言表。我和张阔都不吭声了。

"儿子，你孤注一掷地要上中国科学院大学的物理专业，你清楚物理学博士也不一定是物理学家吗？"妻子幽怨地问儿子。

"是。有一个人问，每一个时代只有一名物理学博士能做出巨大的贡献。为什么要培养一千名物理学博士呢？老师回答，我们也不清楚这一千名物理学博士中的哪一个能成为有大贡献的物理学家。"张阔说这话时，心里还有一种理综分数不理想的失意与不甘心。

"孩子，如果我们连当那九百九十九名物理学博士的勇气都没有，能出现那一个贡献巨大的物理学家吗？"我反问。

"要说也是！"张阔说后，一下子觉得自己长大了。